保護者の方へ

大阪電気通信

JN111055

2020年度から始まったプログラミング教育

　ICTの時代を迎え、2020年度から小学校でのプログラミング教育が開始されました。子どもたちは、生活の中でタブレットやスマートフォン、パソコンなどを活用しながら生活していくために、コンピュータの原理であるプログラミングの考え方を学びます。

　子どもたちは体験を通して、いろいろなことを学習します。花壇で草花を育てたり、水槽で魚を飼育したりする経験を通して、自分たちの身近にあるものがどのように作られているかを学びます。同様に、プログラミングの考え方を学ぶことで、ゲームやアプリなどの、身近なソフトウェアがどのように作られているかを体験的に学ぶことができるのです。

　小学校の授業では、算数や理科、社会、国語、英語など、さまざまな教科でプログラミングを活用することになります。本書を使い、プログラミングの考え方を知ることで、小学校から中学校、高校までの一貫したプログラミング教育の基礎を学ぶことができるでしょう。

これからの未来を担う子どもたちに必要なプログラミング的思考

　タブレットやスマートフォンとパソコン、そして自動運転の自動車などの組み込まれたコンピュータに囲まれた生活を送ることになる子どもたちにとって、コンピュータの考え方を知っておくことは重要です。

　コンピュータにはCPUという頭脳が内蔵されていて、「順次」「反復」「条件分岐」という考え方で、プログラムに書かれた命令を処理していきます。コンピュータは高度な処理を行えるように改良されて、どんどん高速になっていますが、基本的には1秒間に1億回以上の処理を行えるだけで、これらの基本的な考え方は変わっていないのです。

　子どもたちが本書に取り組むことで、次ページのような重要な考え方を自然と体験することができます。コンピュータという機械に理解してもらえるプログラムを作る経験を通して、「論理的に考えを伝えること」を身につけることができるのです。

この本で学習すること

　この本では、「順次（順序）」「反復（くり返し）」「条件分岐（分岐）」を中心に、「変数」「配列」「関数」「コンピュータの考え方」「アルゴリズム」「データ活用」「移り変わり図」を学びます。

　順次は、プログラムの命令が上から順に1つずつ実行されます。反復は、指定された命令が繰り返し実行されます。条件分岐は、条件によって実行する命令を切り替えます。変数は、コンピュータがデータを扱うための仕組みです。配列は、複数の値をまとめて扱います。関数は、プログラムの中で扱う処理に名前を付けて、それを呼び出して使う方法です。コンピュータの考え方では、正しいかそうでないかを判断する真偽値を使う仕組みを扱っています。アルゴリズムは典型的なプログラムの定石です。データ活用はデータ処理の基本です。移り変わり図では、自動販売機のような人や他のプログラムと通信するときに使われるアクティビティ図と、プログラムの状態の移り変わりを表す状態遷移図を扱っています。

※（　）内の文字は本書で使用している名称

もくじ

5・6年の楽しいプログラミング

月　日　　時　分〜　時　分

名前

点

1 さくらさんは、次の順番で画用紙に絵をかきました。　　　16点

> 1. 画用紙のまん中に三角形をかく。
> 2. 三角形の中に円をかく。
> 3. 円の中に正方形をかく。

画用紙にかいた絵はどれですか。

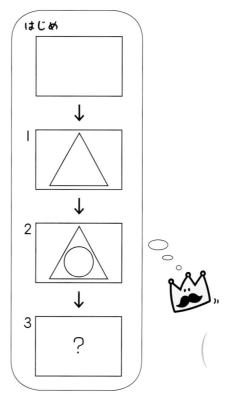

（　　　　）

2 次の順番でかいた絵はどれですか。　　　20点

> 1. 画用紙の右下に円をかく。
> 2. 画用紙の右上に星をかく。
> 3. 画用紙の左下に三角形をかく。

    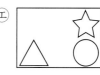

（　　　　）

❸ さくらさんは、次の順番で画用紙に絵をかきました。 20点

> 1. 画用紙の左側に円をかく。
> 2. 画用紙の右側に四角形をかく。
> 3. 円の中に星をかく。

画用紙にかいた絵はどれですか。

㋐ 　㋑ 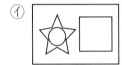　㋒ 　㋓

（　　　　）

❹ 次の順番でかいた絵はどれですか。 20点

> 1. 画用紙の左側にひし形をかく。
> 2. 画用紙の右側に円をかく。
> 3. 円の外側を正方形で囲む。

㋐ 　㋑ 　㋒ 　㋓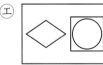

（　　　　）

❺ 次の順番で絵をかきました。絵に合うように㋐〜㋒にあてはまることばをかきましょう。 24点(1つ8)

> 1. 画用紙の（　㋐　）側に星をかく。
> 2. 画用紙の（　㋑　）側に円をかく。
> 3. 円の中に（　㋒　）をかく。

㋐（　　　　）　㋑（　　　　）　㋒（　　　　）

 右、左や内側、外側などをていねいに確かめよう。

月　日　時　分〜　時　分

名前

点

1 さくらさんは、次の順番で画用紙に絵をかきました。　　　20点

> 1. 画用紙の左側に円をかく。
> 2. 画用紙を180°回転させる。
> 3. 画用紙の左側に三角形をかく。

画用紙にかいた絵はどれですか。

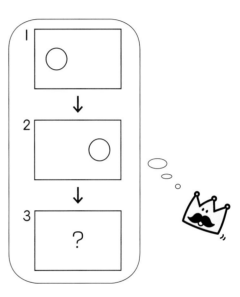

（　　　　　）

2 次の順番でかいた絵はどれですか。　　　20点

> 1. 画用紙の右側に四角形をかく。
> 2. 画用紙を180°回転させる。
> 3. 画用紙の右側に円をかく。

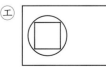

（　　　　　）

❸ さくらさんは、次の順番で画用紙に絵をかきました。

> 1. 画用紙の右側に円をかく。
> 2. 画用紙を 180°回転させる。
> 3. 円の中に四角形をかく。

画用紙にかいた絵はどれですか。

ⓐ 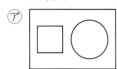　　ⓘ 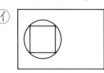　　ⓤ 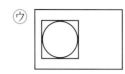　　ⓔ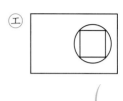

(　　　　)

❹ 次の順番でかいた絵はどれですか。

> 1. 画用紙の真ん中に上向きの三角形（△）をかく。
> 2. 画用紙を時計回りに 90°回転させる。
> 3. 三角形の下に円をかく。

ⓐ 　　ⓘ 　　ⓤ 　　ⓔ

(　　　　)

❺ 次の順番でかいた絵はどれですか。

> 1. 画用紙の左側にたてに長い長方形をかく。
> 2. 画用紙を 180°回転させる。
> 3. 画用紙の左側に横に長い長方形をかく。

ⓐ 　　ⓘ 　　ⓤ 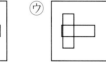　　ⓔ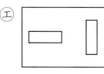

(　　　　)

画用紙を回転させると、図形の向きや位置がかわるよ。
回転させたあとの向きや位置をよく確かめよう。

月　日　　時　分〜　時　分

名前

点

① 車のロボットを動かして線をかきます。ロボットを動かすには、次の命令を使います。

| 1マス　進む |
| 左を　向く |

ロボットは命令した順に動きます。次のように命令したとき、どんな線になりますか。

30点

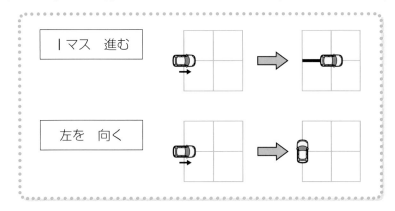

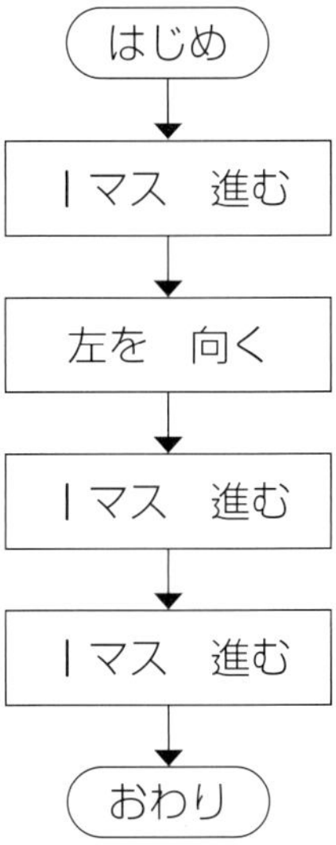

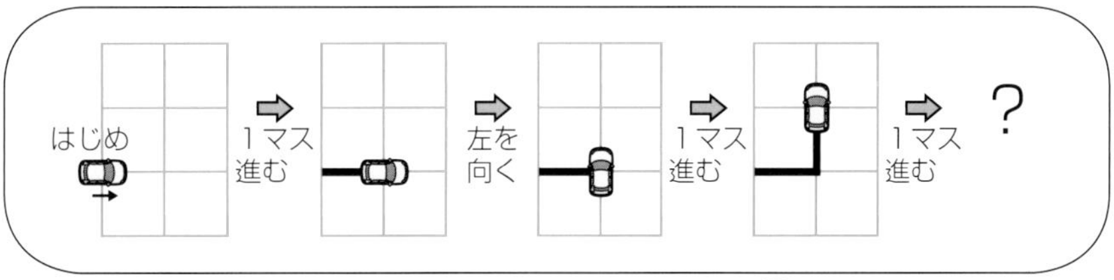

はじめ

↓

| 1マス　進む |

↓

| 左を　向く |

↓

| 1マス　進む |

↓

| 1マス　進む |

↓

おわり

⑦　　　　　　⑦　　　　　　⑨　　　　　　⑨

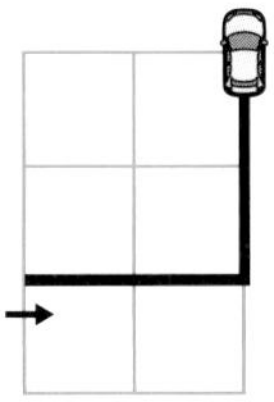

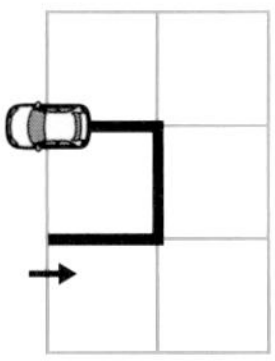

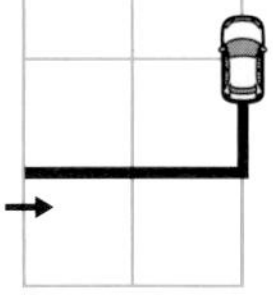

(　　　)

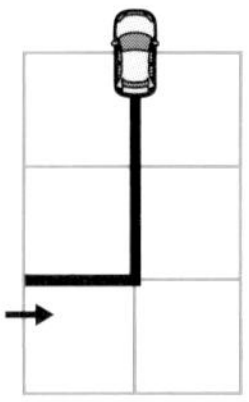

2 車のロボットに次のように命令したとき、どんな線になりますか。
次の図に、ロボットが動いた後の線をかきましょう。

①
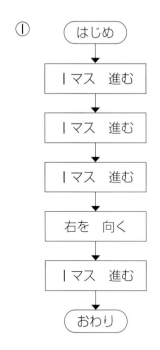

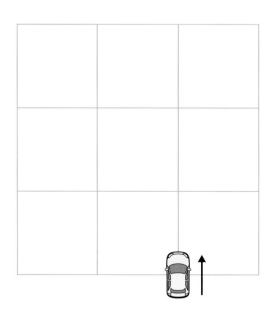

②
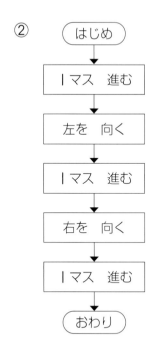

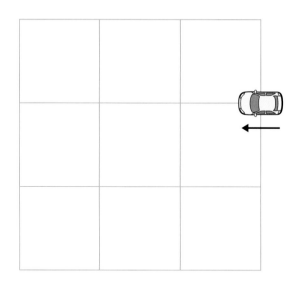

上から順に1つずつ命令を実行していこう。右を向いたり、左を向いたりするときの
向きに注意しよう。

4 順序 ④

❶ 車のロボットを動かして線をかきます。ロボットは命令した順に動きます。
　　次のように命令したとき、どんな線になりますか。①〜③について、次の㋐〜㋗から１つずつ選びましょう。

50点(①、②1つ15、③20)

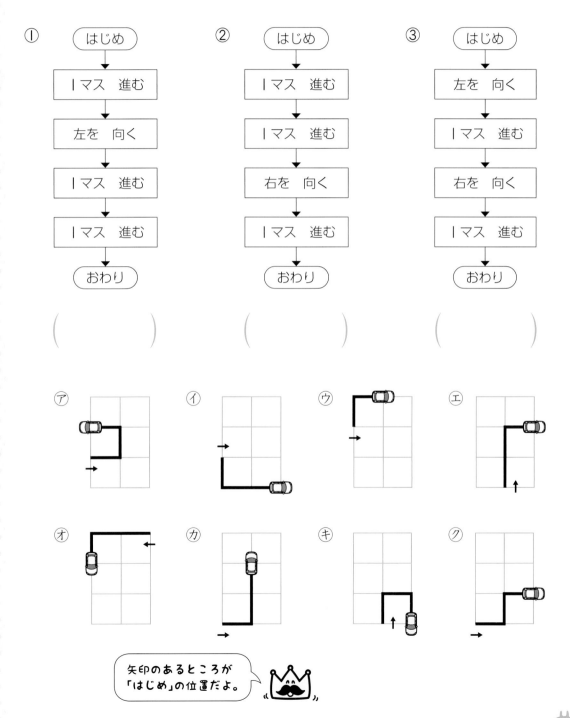

①　（はじめ）
　　１マス　進む
　　左を　向く
　　１マス　進む
　　１マス　進む
　　（おわり）

②　（はじめ）
　　１マス　進む
　　１マス　進む
　　右を　向く
　　１マス　進む
　　（おわり）

③　（はじめ）
　　左を　向く
　　１マス　進む
　　右を　向く
　　１マス　進む
　　（おわり）

①（　　　　）　　②（　　　　）　　③（　　　　）

㋐　　㋑　　㋒　　㋓

㋔　　㋕　　㋖　　㋗

矢印のあるところが「はじめ」の位置だよ。

2 車のロボットを動かして線をかきます。ロボットは命令した順に動きます。
次のように命令したとき、どんな線になりますか。①〜③について、次の㋐〜㋗から1つずつ選びましょう。

50点(①、②1つ15、③20)

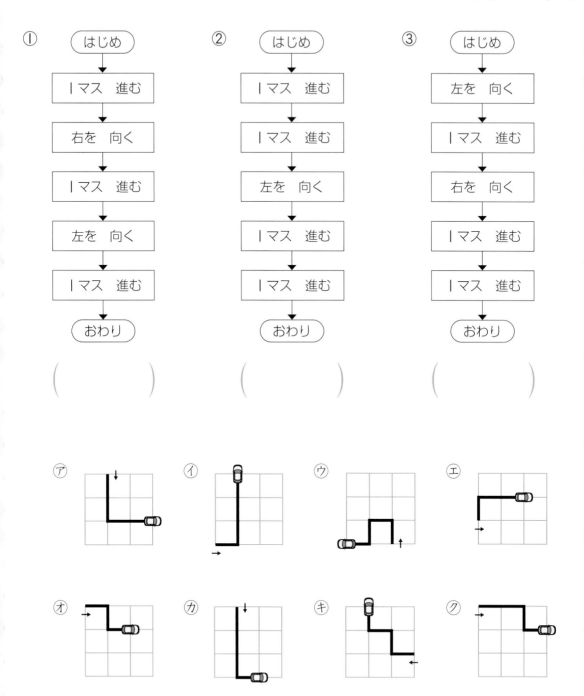

① ( )　② ( )　③ ( )

「右を向く」、「左を向く」も1つの動作であることに注意しよう。
ロボットがかいた線の長さを調べると、何マス進んだかがわかるね。

5 くり返し ①

❶ そうたさんとさくらさんは、ひみつの暗号を使ってやりとりをします。そうたさんはさくらさんに次のようなメッセージを送りました。

かぎは2

さくらさんは次のように読みました。

１．⬇ の下にある文字を読む。

かぎは2

み			

２．かぎの数だけ ⬇ を右回りに動かして、⬇ が止まった下の文字を読む。

かぎは2

み	ず		

３．空白がうまるまで、2をくり返す。

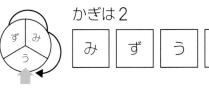 かぎは2

み	ず	う	

 かぎは2

み	ず	う	み

メッセージを読んださくらさんは、そうたさんに次のメッセージを送りました。⬜にあてはまる文字をかきましょう。

12点

かぎは3

			,			

最初は「う」、「う」から右回りに3つ動かすと「ま」、「ま」から右回りに3つ動かすと「し」だね。

❷ ひみつの暗号を使ってやりとりをします。□にあてはまる文字をかきましょう。

33点(1つ11)

① もかし かぎは2 □ □

② もかし かぎは3 □ □

③ もかし かぎは2 □ □ □ □

❸ ひみつの暗号を使ってやりとりをします。□にあてはまる文字をかきましょう。

33点(1つ11)

① に　あ　お　か　かぎは1 □ □ □ □

② に　あ　お　か　かぎは2 □ □ □ □

③ に　あ　お　か　かぎは2 □ □

❹ ひみつの暗号を使ってやりとりをします。□にあてはまる文字をかきましょう。

22点(1つ11)

① 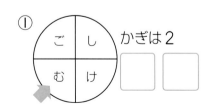 ご　し　む　け　かぎは2 □ □

②  ご　し　む　け　かぎは3 □ □ □ □

かぎの数でメッセージが変わるよ。右回りにかぎの数だけ動かして、1つずつ読んでいこう！文字を1つずつかきながら読んでいこう！

6　くり返し②

① ひこうきのロボットは命令した順に動きます。

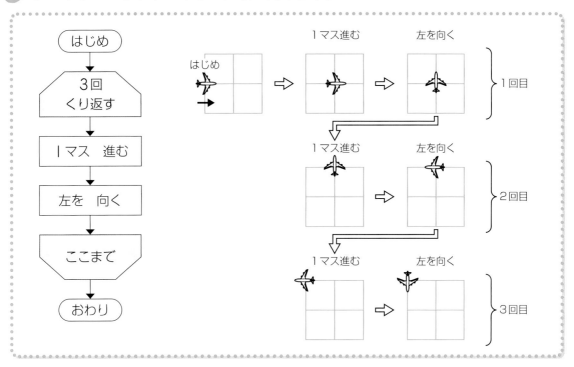

次のようにロボットに命令したとき、どの場所に行きますか。　　　25点

はじめ

3回
くり返す

1マス　進む

右を　向く

ここまで

おわり

はじめ

（　　　）

2 次のようにロボットに命令したとき、㋐〜㋥のどの場所に行きますか。75点(1つ25)

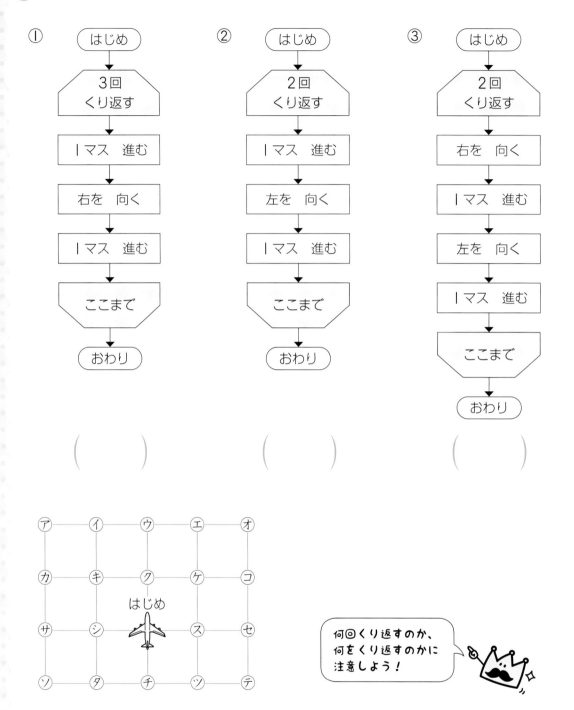

①
はじめ
↓
3回
くり返す
↓
1マス　進む
↓
右を　向く
↓
1マス　進む
↓
ここまで
↓
おわり

（　　）

②
はじめ
↓
2回
くり返す
↓
1マス　進む
↓
左を　向く
↓
1マス　進む
↓
ここまで
↓
おわり

（　　）

③
はじめ
↓
2回
くり返す
↓
右を　向く
↓
1マス　進む
↓
左を　向く
↓
1マス　進む
↓
ここまで
↓
おわり

（　　）

㋐ ㋑ ㋒ ㋓ ㋔
㋕ ㋖ ㋗ ㋘ ㋙
はじめ ✈
㋚ ㋛ ㋜ ㋝
㋞ ㋟ ㋠ ㋡ ㋢

何回くり返すのか、
何をくり返すのかに
注意しよう！

右や左を向く命令と1マス進む命令を同時に考えるとまちがえやすいよ！
命令を1つずつ確かめながら解いていこう！

14

7 分岐 ①

① そうたさんは、ロボットのロボ太を動かして、あるたからものをさがします。道のと中にはかん板があり、ロボ太は次のように動きます。

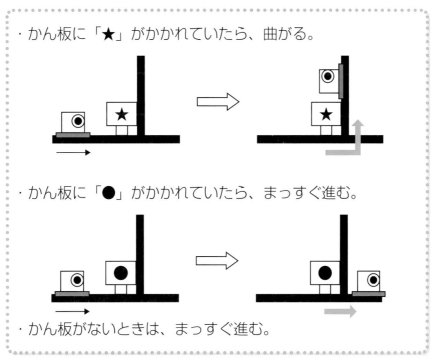

・かん板に「★」がかかれていたら、曲がる。

・かん板に「●」がかかれていたら、まっすぐ進む。

・かん板がないときは、まっすぐ進む。

ロボ太はどのたからものを見つけることができますか。　　　　20点

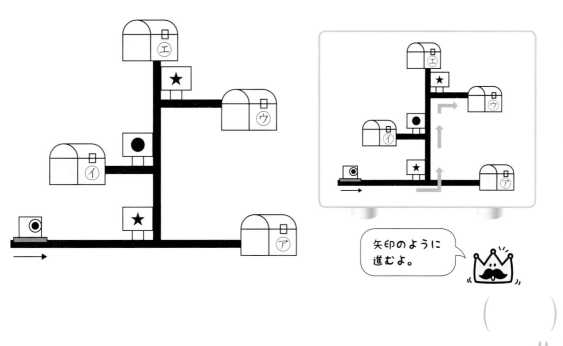

矢印のように
進むよ。

（　　　　　）

② ロボ太はどのたからものを見つけることができますか。　80点(1つ20)

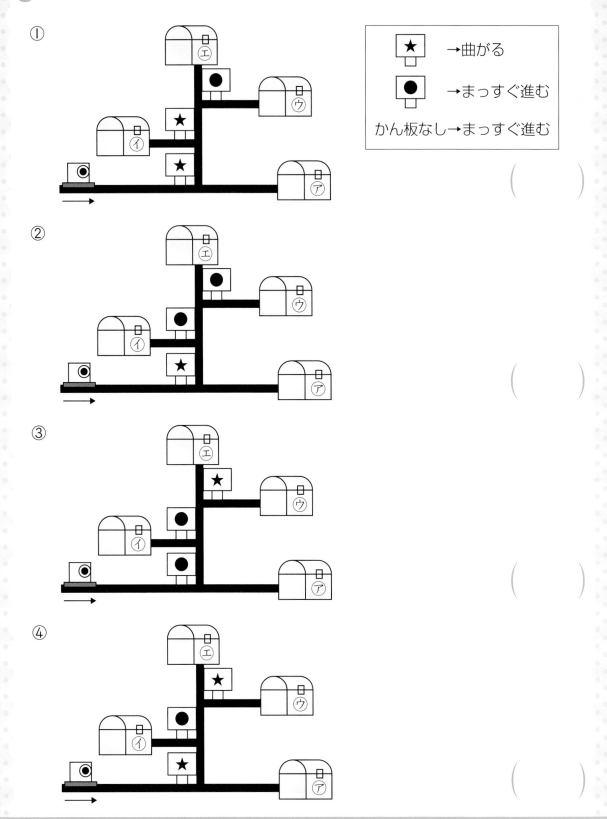

まっすぐ進むかん板もあるので、はじめから1つずつていねいに道順を考えよう。

8 分岐 ②

❶　ベルトコンベアに乗って、いろいろなパンが流れてきます。パンの種類ごとに配達しやすいように、入れものを分けることにしました。メロンパンは緑の箱、クリームパンは白い箱、どちらでもないときはオレンジの箱に入れます。さくらさんは仕分け係にパンの種類を伝えるために、流れてきたパンの種類を次のように旗を使って知らせます。

> ・メロンパンのときは、緑の旗をあげる。
> ・クリームパンのときは、白の旗をあげる。
> ・どちらでもないときは、両方の旗をあげる。

　ベルトコンベアにパンが流れてきました。さくらさんは次のように旗をあげました。パンはどの順番で流れてきましたか。

30点

| 1番目 | 2番目 | 3番目 | 4番目 | 5番目 |

㋐　メロンパン、クリームパン、あんぱん、クリームパン、メロンパン

㋑　クリームパン、メロンパン、食パン、メロンパン、クリームパン

㋒　あんぱん、クリームパン、メロンパン、クリームパン、メロンパン

㋓　メロンパン、クリームパン、あんぱん、メロンパン、クリームパン

メロンパン　　　クリームパン　　　どちらでもない

（　　　　）

2 ベルトコンベアに乗って、パンが流れてきました。さくらさんは、パンの種類を次のように知らせます。

・メロンパンのときは、緑の旗をあげる。
・クリームパンのときは、白の旗をあげる。
・どちらでもないときは、両方の旗をあげる。

パンはどの順番で流れてきましたか。　70点(1つ35)

①

1番目　2番目　3番目　4番目　5番目　6番目

㋐ メロンパン、クリームパン、あんぱん、食パン、クリームパン、メロンパン
㋑ クリームパン、あんぱん、食パン、クリームパン、クリームパン、クリームパン
㋒ クリームパン、あんぱん、あんぱん、メロンパン、メロンパン、クリームパン
㋓ メロンパン、食パン、あんぱん、クリームパン、クリームパン、メロンパン

（　　）

②

1番目　2番目　3番目　4番目　5番目　6番目

㋐ メロンパン、クリームパン、メロンパン、クリームパン、食パン、メロンパン
㋑ あんぱん、クリームパン、メロンパン、クリームパン、食パン、メロンパン
㋒ あんぱん、クリームパン、メロンパン、クリームパン、メロンパン
㋓ メロンパン、クリームパン、あんぱん、メロンパン、クリームパン

（　　）

まず、メロンパンとクリームパンに注目して順番を考えよう。

9 分岐 ③

❶ トマトをしゅうかくするロボットがあります。ロボットは次のとおりに動きます。

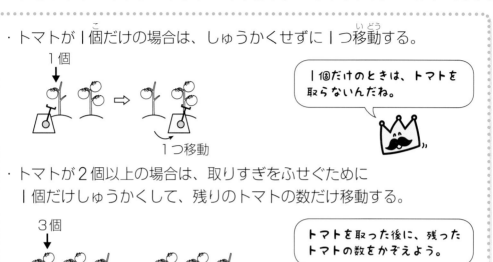

・トマトが1個だけの場合は、しゅうかくせずに1つ移動する。

1個

1つ移動

> 1個だけのときは、トマトを取らないんだね。

・トマトが2個以上の場合は、取りすぎをふせぐために
1個だけしゅうかくして、残りのトマトの数だけ移動する。

3個

1個取って、2つ移動

> トマトを取った後に、残ったトマトの数をかぞえよう。

　ロボットが次のトマトをしゅうかくするとき、トマトは全部で何個しゅうかくできますか。

20点

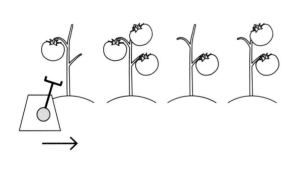

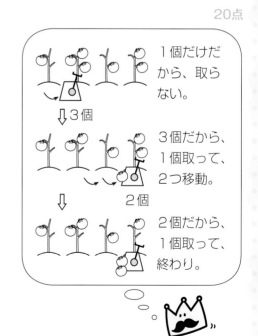

1個だけだから、取らない。

⇩3個

3個だから、1個取って、2つ移動。

⇩　　　2個

2個だから、1個取って、終わり。

（　　　　）個

❷ トマトをしゅうかくするロボットがあります。ロボットは、**❶**と同じように動きます。ロボットが次の ①〜④ からトマトをしゅうかくするとき、トマトはそれぞれ何個しゅうかくできますか。

①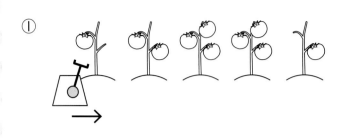

トマトが1個のときは、取らずに1つ移動、2個以上のときは、1個取って、残りのトマトの数だけ移動するよ。

（　　　　）個

②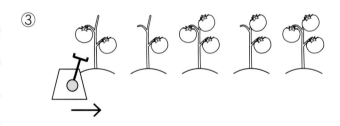

（　　　　）個

③

（　　　　）個

④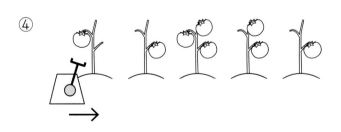

（　　　　）個

しゅうかくしたトマトの数をまちがえずにかぞえよう。

10 分岐④

1 ゆうなさんは、いろいろな形のクッキーをつくって、友人に配ることにしました。クッキーをふくろに入れるのを妹に手伝ってもらうために、命令の図をつくりました。

40点(1つ20)

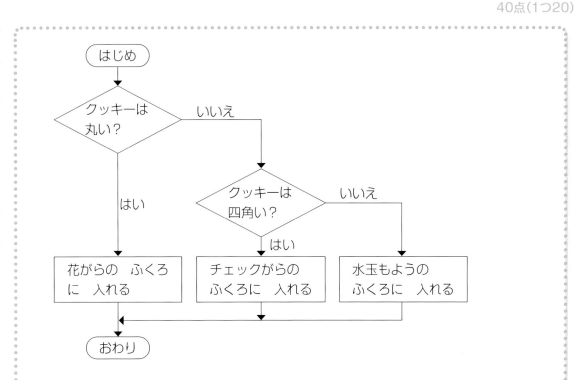

　この命令にしたがうと、〇のクッキーは花がらのふくろに入り、♡のクッキーは水玉もようのふくろに入ります。

① ▢のクッキーはどのふくろに入りますか。

　　㋐　花がらのふくろ　　　㋑　チェックがらのふくろ　　　㋒　水玉もようのふくろ

（　　　　）

② ☆のクッキーはどのふくろに入りますか。

　　㋐　花がらのふくろ　　　㋑　チェックがらのふくろ　　　㋒　水玉もようのふくろ

（　　　　）

2 クッキーを、命令の図のとおりにふくろに入れていきます。次のようなクッキーがあるとき、それぞれのふくろに、クッキーは何まいずつ入りますか。

60点(1つ20)

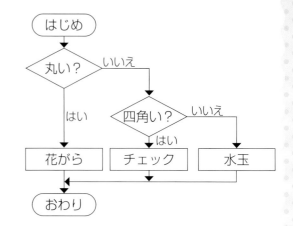

① □ ○ ☆ ♡ ◇ ○ ○

　㋐　花がらに3まい、チェックに3まい、水玉に1まい
　㋑　花がらに3まい、チェックに2まい、水玉に2まい
　㋒　花がらに2まい、チェックに2まい、水玉に1まい
　㋓　花がらに2まい、チェックに3まい、水玉に2まい

（　　）

② ○ □ △ □ ◇ ♡ ☆ ☆

　㋐　花がらに1まい、チェックに3まい、水玉に4まい
　㋑　花がらに2まい、チェックに4まい、水玉に2まい
　㋒　花がらに2まい、チェックに3まい、水玉に3まい
　㋓　花がらに1まい、チェックに3まい、水玉に2まい

（　　）

③ □ □ ○ ♡ ◇ ☆ ○

　㋐　花がらに3まい、チェックに2まい、水玉に2まい
　㋑　花がらに2まい、チェックに2まい、水玉に3まい
　㋒　花がらに2まい、チェックに3まい、水玉に2まい
　㋓　花がらに3まい、チェックに3まい、水玉に1まい

（　　）

命令の図にしたがって、それぞれのクッキーがどのふくろに入るのかを、1まいずつていねいに考えよう。特に丸い形と四角い形に注意しよう！

11 まとめのテスト

1 さくらさんは、次の順番で画用紙に絵をかきました。

> 1. 画用紙の右側に星をかく。
> 2. 画用紙を 180° 回転させる。
> 3. 画用紙の右側にハートをかく。
> 4. ハートを円で囲む。

画用紙にかいた絵はどれですか。　　　　　　　　　　　　　　25点

㋐ 　㋑ 　㋒ ... 　㋓

（　　　　）

2 車のロボットを動かして線をかきます。ロボットは命令した順に動きます。
次のように命令したとき、どんな線になりますか。　　　　　　25点

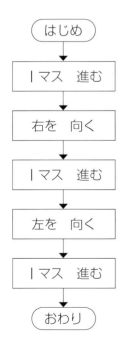

はじめ
↓
１マス　進む
↓
右を　向く
↓
１マス　進む
↓
左を　向く
↓
１マス　進む
↓
おわり

㋐ 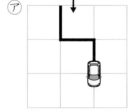　㋑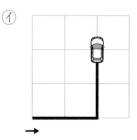

㋒ 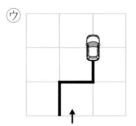　㋓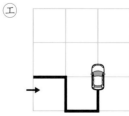

（　　　　）

3 トマトをしゅうかくするロボットがあります。ロボットは次のとおりに動きます。

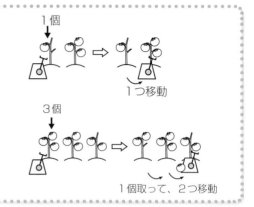

・トマトが１個だけの場合は、しゅうかくせずに１つ移動する。

・トマトが２個以上の場合は、取りすぎをふせぐために１個だけしゅうかくして、残りのトマトの数だけ移動する。

ロボットが次のトマトをしゅうかくするとき、トマトは全部で何個しゅうかくできますか。　25点

（　　　）個

4 そうたさんは、ロボットのロボ太を動かして、たからものをさがします。道のと中にはかん板があり、ロボ太は次のように動きます。

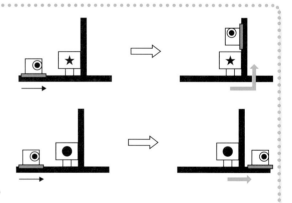

・かん板に「★」がかかれていたら、曲がる。

・かん板に「●」がかかれていたら、まっすぐ進む。

・かん板がないときは、まっすぐ進む。

ロボ太は矢印の方向に進みます。
ロボ太はどのたからものを見つけることができますか。　25点

（　　　）

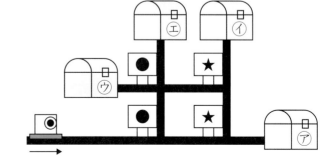

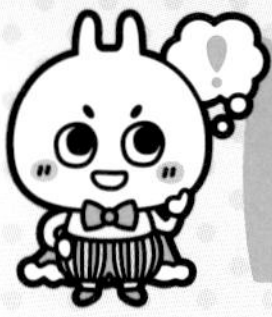

12 変数①

月　日　時　分～　時　分

名前

点

❶ はるとさんはお父さんにことばを覚えるロボットを買ってもらいました。ロボットは３体あり、それぞれ最後に伝えられたことばを覚えます。 48点(1つ8)

はるとさんは、次のように命令しました。

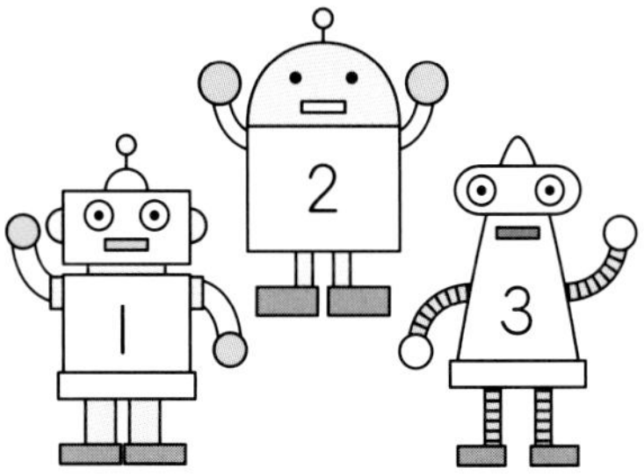

ロボット１号←"こんにちは" ロボット２号←"ハロー"

① はるとさんはロボット１号が覚えていることばをロボット３号に覚えさせるために [ロボット３号←ロボット１号] の命令を最後に追加しました。このとき、ロボット１号、２号、３号が覚えていることばは何ですか。

㋐ こんにちは　㋑ ハロー

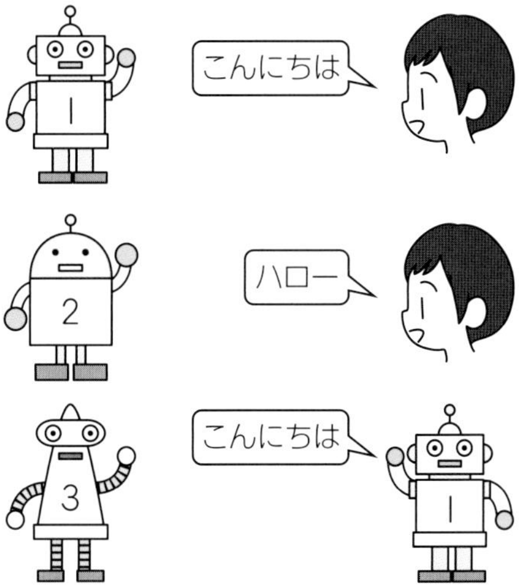

ロボット１号（　　　）

ロボット２号（　　　）

ロボット３号（　　　）

② はるとさんが次のように命令したとき、ロボット１号、２号、３号が覚えていることばは何ですか。

ロボット１号←"こんにちは" ロボット２号←ロボット１号 ロボット３号←"ハロー"

ロボット１号は「こんにちは」、ロボット２号はロボット１号と同じことば、ロボット３号は「ハロー」を覚えているね。

㋐ こんにちは　㋑ ハロー

ロボット１号（　　　）　ロボット２号（　　　）

ロボット３号（　　　）

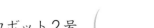

2 はるとさんは、次のようにロボットに数を覚えるように命令しました。 24点(1つ8)

> ロボット１号←７
> ロボット２号←９
> ロボット３号←８
>
> ロボット１号←ロボット３号
> ロボット２号←ロボット１号

ロボット１号、２号、３号が覚えている数は何ですか。

ロボット１号　（　　　　　　）

ロボット２号　（　　　　　　）

ロボット３号　（　　　　　　）

3 はるとさんは、次のようにロボットに数を覚えるように命令しました。

28点(順に9、9、10)

> ロボット１号←８
> ロボット２号←９
> ロボット３号←０
>
> ロボット３号←ロボット１号
> ロボット１号←ロボット２号
> ロボット２号←ロボット３号

ロボット１号、２号、３号が覚えている数は何ですか。

ロボット１号　（　　　　　　）

ロボット２号　（　　　　　　）

ロボット３号　（　　　　　　）

ロボットは最後に伝えられた数だけを覚えているよ。どのロボットにどの数を覚えさせているかを考えよう！

変数 ②

1 ゆうなさんは、自分の部屋のカーテンをつくることにしました。
次のメモのとおりに布を切るとき、長さはいくつになりますか。　　32点(1つ16)

> カーテンをつくるための布は、次のメモにかかれた長さの分だけ切ります。
>
> > 長さ←5
> > ぬいしろの長さ←2
> > 長さ←長さ＋ぬいしろの長さ
>
> 長さ←5、ぬいしろの長さ←2を長さの式にあてはめてみると、
>
> > 長さ←長さ＋ぬいしろの長さ
> > 　　7　　　5　　　　　　2
>
> 長さは「7」であることがわかります。

①
> 長さ←3
> ぬいしろの長さ←2
> 長さ←長さ＋ぬいしろの長さ

　㋐　2
　㋑　3
　㋒　4
　㋓　5

「長さ←長さ＋ぬいしろの長さ」
の式にあてはめて考えよう。

（　　　）

②
> 長さ←5
> ぬいしろの長さ←3
> 長さ←長さ＋ぬいしろの長さ

　㋐　2
　㋑　3
　㋒　5
　㋓　8

（　　　）

2 次のメモのとおりに布を切るとき、長さはいくつになりますか。 34点(1つ17)

①
> 長さ←8
> ぬいしろの長さ←2
> 長さ←長さ＋ぬいしろの長さ

- ㋐ 2
- ㋑ 8
- ㋒ 10
- ㋓ 16

( )

②
> 長さ←9
> ぬいしろの長さ←3
> 長さ←長さ＋ぬいしろの長さ

- ㋐ 3
- ㋑ 6
- ㋒ 9
- ㋓ 12

( )

3 ゆうなさんは、布の長さから、カーテンの長さを知るために、次のようなメモをかきました。 34点(1つ17)

> カーテンの長さ←布の長さ－ぬいしろの長さ

それぞれの長さが次のとき、カーテンの長さはいくつになりますか。

① 布の長さ←10、ぬいしろの長さ←3
- ㋐ 3
- ㋑ 7
- ㋒ 10
- ㋓ 13

( )

② 布の長さ←15、ぬいしろの長さ←6
- ㋐ 3
- ㋑ 6
- ㋒ 9
- ㋓ 12

( )

式を見て、正しい数をあてはめるようにしよう。
式が変わると答えも変わるので、注意してね。

14 変数 ③

1 ゆうまさん、はるとさん、そうたさんの3人は、ボールを投げて、きょりをきそい
あう遊びをしました。
　次のメモに、3人のボール投げの記録をかきました。　　　40点(①20、②1つ10)

```
ゆうま←5
はると←ゆうま＋3
そうた←ゆうま−2
```

はるとさんの式に、
ゆうまさんのきょり「5」を
あてはめて計算するよ。

> はるとさんの記録は、メモにかかれたとおりに計算するとわかります。
>
> ```
> はると←ゆうま＋3
>        8        5
> ```
>
> はるとさんの記録は「8」になることがわかります。

① そうたさんの記録は、いくつになりますか。

　　㋐　2
　　㋑　3
　　㋒　5
　　㋓　8

　　　　　　　　　　　　　　　　　　　　　　　　　　　（　　　）

② ゆうまさんの記録について、ゆうなさんは次のように言いました。（　）にあては
まる数をかきましょう。

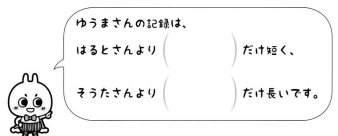
ゆうまさんの記録は、

はるとさんより（　　　　　）だけ短く、

そうたさんより（　　　　　）だけ長いです。

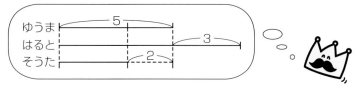

2 ゆうまさん、はるとさん、そうたさんの3人の記録が次のようになるとき、それぞれの記録はどのようになりますか。 40点(1つ20)

> ゆうま←5
> はると←ゆうま
> そうた←はると+3

① はるとさんの記録はいくつになりますか。
　㋐　0
　㋑　3
　㋒　5
　㋓　8

（　　　）

② そうたさんの記録はいくつになりますか。
　㋐　0
　㋑　3
　㋒　5
　㋓　8

（　　　）

3 あおいさん、ゆうなさん、さくらさんの3人は漢字テストを受けました。3人の得点の結果は、次のようになりました。 20点(1つ10)

> あおいさん　60点
> ゆうなさん　80点
> さくらさん　50点

ゆうなさんは、このことを次のように表しました。（　　）にあてはまる数をかきましょう。

> あおい←60
>
> ゆうな←あおい+（　　　　）
>
> さくら←ゆうな−（　　　　）

式にあった計算をして、正しく答えを求めよう。
図や表に整理してもわかりやすくなるよ。

❶ さくらさんはロボットを動かして、倉庫の荷物を取り出します。倉庫の荷物は次のように分けられています。

40点(1つ10)

	[1]	[2]	[3]	[4]	[5]
くだもの倉庫	りんご	ぶどう	みかん	マンゴー	バナナ

	[1]	[2]	[3]	[4]
野菜倉庫	にんじん	ピーマン	じゃがいも	たまねぎ

　倉庫から荷物を取り出したい時は、倉庫の名前と番号をロボットに伝えます。例えば、くだもの倉庫の「ぶどう」を取り出したい時は、次のように命令します。

> くだもの倉庫 [2]　取り出す

① さくらさんはロボットに、次のように命令しました。ロボットはどの荷物を取り出しましたか。

> くだもの倉庫 [4]　取り出す

(　　　　　　　　　)

② さくらさんはロボットに、次のように命令しました。ロボットはどの荷物を取り出しましたか。

> 野菜倉庫　　　[4]　取り出す

(　　　　　　　　　)

③ さくらさんはロボットに、次のように命令しました。ロボットはどの荷物を取り出しましたか。

> くだもの倉庫 [1]　取り出す
> 野菜倉庫　　　[3]　取り出す

くだもの倉庫から1個、野菜倉庫から1個の荷物を取り出すよ。

(　　　　　　　　) と (　　　　　　　　)

❷ さくらさんはロボットを動かして、倉庫の荷物を取り出します。倉庫の荷物は次のように分けられています。

	[1]	[2]	[3]	[4]
くだもの倉庫	もも	みかん	ぶどう	かき

	[1]	[2]	[3]	[4]	[5]
野菜倉庫	だいこん	トマト	かぼちゃ	キャベツ	レタス

倉庫から荷物を取り出したい時は、倉庫の名前と番号をロボットに伝えます。例えば、くだもの倉庫の「みかん」を取り出したい時は、次のように命令します。

> くだもの倉庫 [2] 取り出す

① さくらさんはロボットに、次のように命令しました。ロボットはどの荷物を取り出しましたか。

> くだもの倉庫 [3] 取り出す

( )

② さくらさんはロボットに、次のように命令しました。ロボットはどの荷物を取り出しましたか。

> くだもの倉庫 [4] 取り出す
> 野菜倉庫 [5] 取り出す

( ) と ( )

③ さくらさんはロボットに、次のように命令しました。ロボットはどの荷物を取り出しましたか。

> くだもの倉庫 [1] 取り出す
> 野菜倉庫 [3] 取り出す
> 野菜倉庫 [2] 取り出す

( ) と ( ) と ( )

倉庫の名前と番号をしっかり見て、ていねいに確かめながら解こう！

月　日　　時　分〜　時　分

名前

点

❶ ロボットに、次の5つのことばを覚えるように命令しました。　　　　30点

ロボット [ ] ←{ "マンタ"，"ジンベイザメ"，"クマノミ"，"ウミガメ"，"ウツボ" }

ロボットは5つのことばを、次のように分けて覚えます。

	[1]	[2]	[3]	[4]	[5]
ロボット	マンタ	ジンベイザメ	クマノミ	ウミガメ	ウツボ

ロボットに他のことばを覚えさせるためには、次のように命令します。

ロボット [１] ←"みかん"

命令を実行すると、ロボットは「マンタ」をわすれて「みかん」を覚えます。

	[1]	[2]	[3]	[4]	[5]
ロボット	みかん	ジンベイザメ	クマノミ	ウミガメ	ウツボ

　ロボットに次のように命令したとき、ロボットが覚えていることばの組み合わせとして正しいのはどれですか。

ロボット [3] ←"コスモス"

㋐　マンタ、ジンベイザメ、クマノミ、コスモス、ウミガメ、ウツボ
㋑　マンタ、ジンベイザメ、コスモス、クマノミ、ウミガメ、ウツボ
㋒　マンタ、ジンベイザメ、クマノミ、ウミガメ、ウツボ
㋓　マンタ、ジンベイザメ、コスモス、ウミガメ、ウツボ

(　　　)

「クマノミ」をわすれるよ。

2 ロボットに、次の6つのことばを覚えるように命令しました。 70点(1つ35)

ロボット [ ] ←{ "みかん", "りんご", "すいか", "なし", "ぶどう", "もも" }

ロボットは6つのことばを、次のように分けて覚えています。

	[1]	[2]	[3]	[4]	[5]	[6]
ロボット	みかん	りんご	すいか	なし	ぶどう	もも

① ロボットに次のように命令したとき、ロボットが覚えていることばの組み合わせとして正しいのはどれですか。

ロボット [2] ←"あさがお"
ロボット [5] ←"ゆり"

㋐ みかん、りんご、あさがお、すいか、なし、ゆり、もも
㋑ みかん、りんご、あさがお、なし、ゆり、もも
㋒ みかん、あさがお、すいか、なし、ゆり、もも
㋓ みかん、あさがお、りんご、すいか、ゆり、もも

( )

② ロボットに次のように命令したとき、ロボットが覚えていることばの組み合わせとして正しいのはどれですか。

ロボット [1] ←"にんじん"
ロボット [4] ←"だいこん"
ロボット [6] ←"たまねぎ"

㋐ みかん、にんじん、りんご、すいか、だいこん、ぶどう、たまねぎ
㋑ にんじん、りんご、すいか、だいこん、ぶどう、たまねぎ
㋒ にんじん、りんご、すいか、たまねぎ、ぶどう、だいこん
㋓ みかん、にんじん、すいか、だいこん、ぶどう、たまねぎ

( )

まず、どのことばをわすれるのかを考えよう！
次に、わすれたことばの代わりがどれになるかを考えよう！

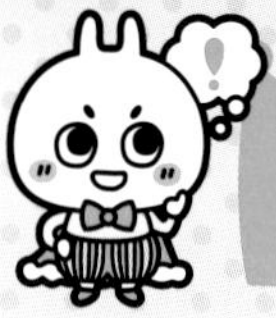

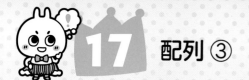

17 配列 ③

月　日　時　分～　時　分

名前

点

1 ロボットは、好きな数を次のように覚えています。　50点(1つ4、⑪のみ6)

好きな数［］←｛22，31，11，43，25｝

	[1]	[2]	[3]	[4]	[5]
好きな数	22	31	11	43	25

ロボットが覚えている数を使って計算をするためには、次のように命令します。

好きな数［1］＋好きな数［2］

ロボットは 22 と 31 をたし算します。計算の結果は 53 です。

次の計算をしましょう。

① 好きな数［1］＋ 好きな数［3］（　　　）

② 好きな数［4］＋ 好きな数［1］（　　　）

③ 好きな数［3］＋ 好きな数［5］＋ 好きな数［1］（　　　）

④ 好きな数［1］＋好きな数［2］＋好きな数［3］＋好きな数［4］＋好きな数［5］（　　　）

⑤ 好きな数［4］－ 好きな数［2］（　　　）

好きな数［4］－ 好きな数［2］
＝43－31

⑥ 好きな数［2］－ 好きな数［1］（　　　）

⑦ 好きな数［4］－ 好きな数［5］（　　　）

⑧ 好きな数［3］－ 好きな数［3］（　　　）

⑨ 好きな数［3］× 好きな数［2］（　　　）

⑩ 好きな数［5］× 好きな数［3］（　　　）

⑪ 好きな数［4］× 好きな数［2］（　　　）

⑫ 好きな数［1］× 好きな数［1］（　　　）

2 ロボットは、好きな数を次のように覚えています。

好きな数 [ ] ←{ 17, 38, 23, 51, 33 }

	[1]	[2]	[3]	[4]	[5]
好きな数	17	38	23	51	33

次の計算をしましょう。

① 好きな数 [1] ＋ 好きな数 [2] （　　　　）

② 好きな数 [3] ＋ 好きな数 [5] ＋ 好きな数 [4] （　　　　）

③ 好きな数 [2] － 好きな数 [3] （　　　　）

④ 好きな数 [4] － 好きな数 [4] （　　　　）

⑤ 好きな数 [1] × 好きな数 [5] （　　　　）

⑥ 好きな数 [4] × 好きな数 [2] （　　　　）

3 ロボットは、好きな数を次のように覚えています。

好きな数 [ ] ←{ 64, 12, 50, 24, 18 }

	[1]	[2]	[3]	[4]	[5]
好きな数	64	12	50	24	18

次の計算をしましょう。

① 好きな数 [3] ＋ 好きな数 [5] （　　　　）

② 好きな数 [4] ＋ 好きな数 [2] ＋ 好きな数 [1] ＋ 好きな数 [5]

（　　　　）

③ 好きな数 [3] － 好きな数 [4] （　　　　）

④ 好きな数 [1] － 好きな数 [2] － 好きな数 [5] （　　　　）

⑤ 好きな数 [3] × 好きな数 [2] （　　　　）

⑥ 好きな数 [4] × 好きな数 [4] （　　　　）

1つ1つを数字に置きかえてから計算しましょう。
順番に注意して、数字に置きかえましょう。

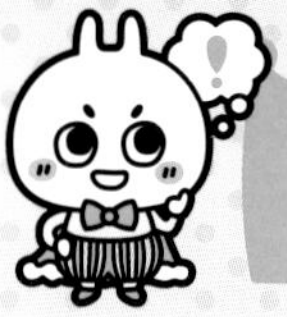

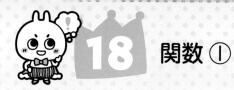

18 関数 ①

月　日　時　分〜　時　分

名前

点

1 そうたさんはロボットを動かして線をかきます。
ロボットは▶の形で、右を向いています。
ロボットには、次のように命令します。

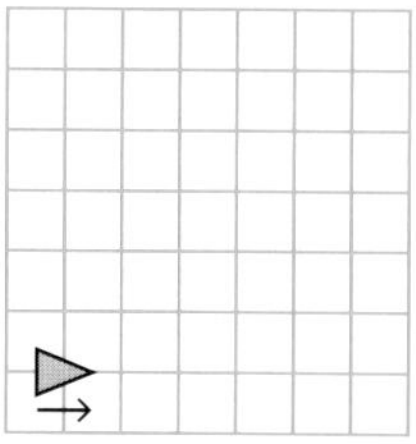

進む（●）…●マス進む　　左回り（△）…左に△度回転する

ロボットは新しい命令を覚えることができます。
そうたさんは「線をかく ()」という命令を考えました。「線をかく ()」と命令すると、ロボットは5マス進んだあと、左に90度回転します。

線をかく () とは 進む（5） 左回り（90） である

線をかく ()

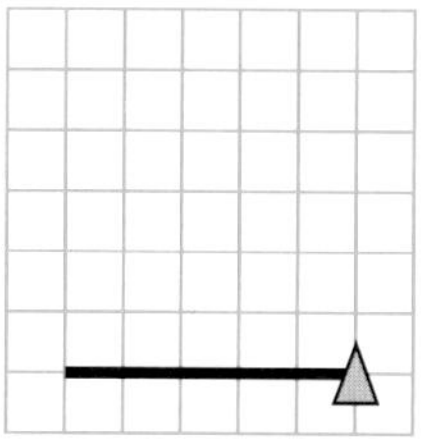

そうたさんが次のように命令すると、ロボットはどのような線をかきますか。50点

線をかく () 線をかく () 線をかく ()

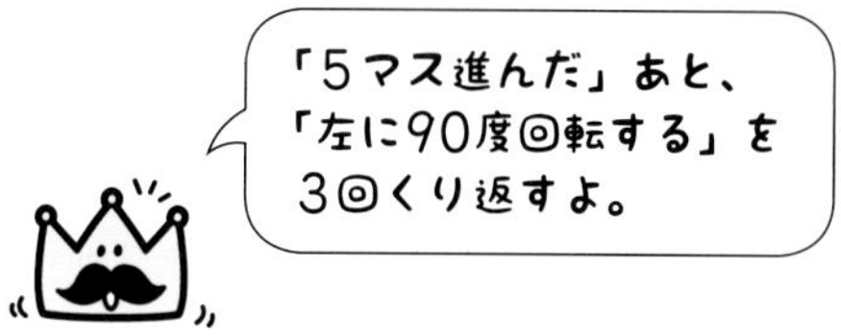

㋐

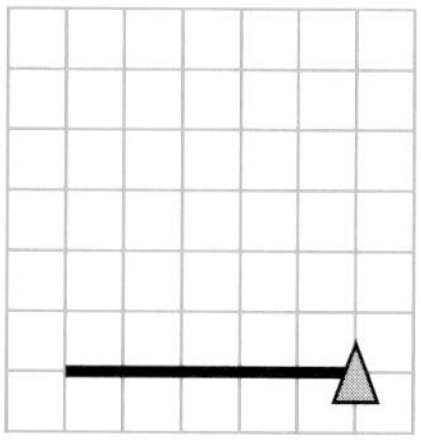

㋑

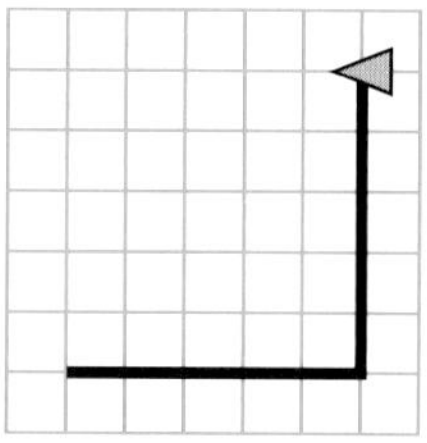

㋒

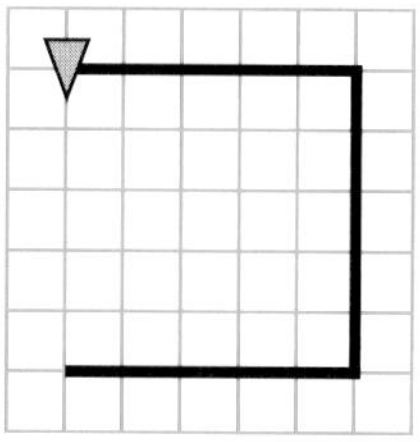

㋓

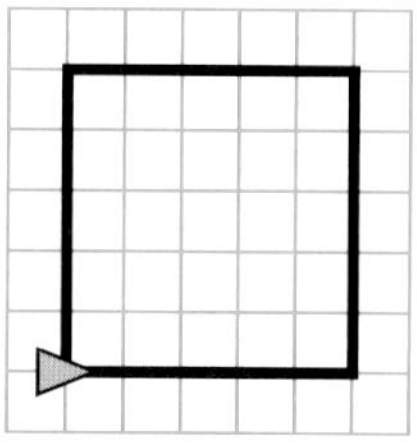

（　　　）

[2] そうたさんはロボットを動かして線をかきます。
ロボットは ▷ の形で、右を向いています。
ロボットには、次のように命令します。

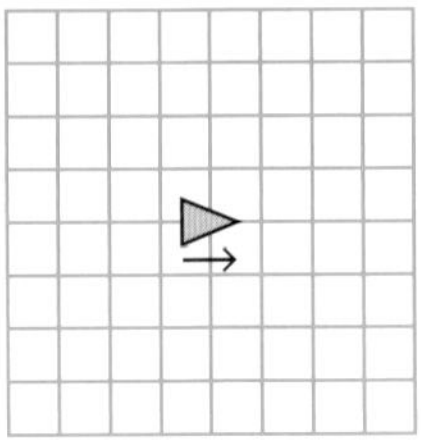

進む（●）…●マス進む　　左回り（△）…左に△度回転する

ロボットは新しい命令を覚えることができます。
そうたさんは「線をかく ()」という命令を考えました。「線をかく ()」と命令すると、ロボットは3マス進んだあと、左に120度回転します。

線をかく () とは 　進む（3） 　左回り（120） である

線をかく ()

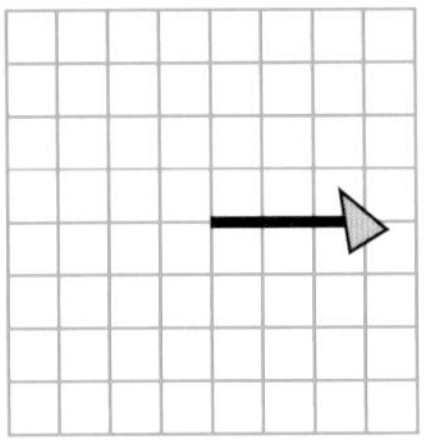

そうたさんは「三角形をかく ()」という命令を考えました。「三角形をかく ()」と命令すると、ロボットは「線をかく ()」を3回くり返します。

三角形をかく () とは 　線をかく () 　線をかく () 　線をかく () である

三角形をかく () 左回り（90） 三角形をかく () 左回り（90）

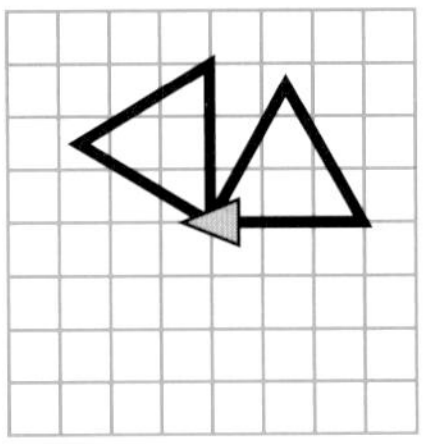

ロボットに次のように命令すると、ロボットはどのような線をかきますか。 50点

三角形をかく () 左回り（90） 三角形をかく () 左回り（90） 三角形をかく () 左回り（90） 三角形をかく () 左回り（90）

㋐
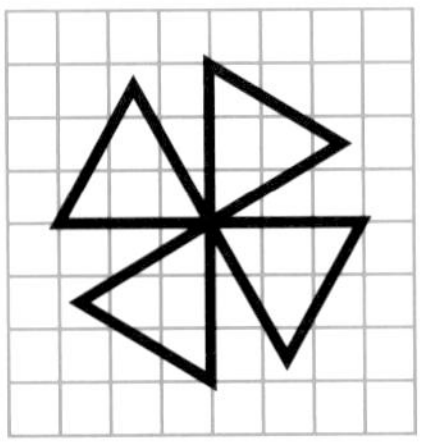

㋑
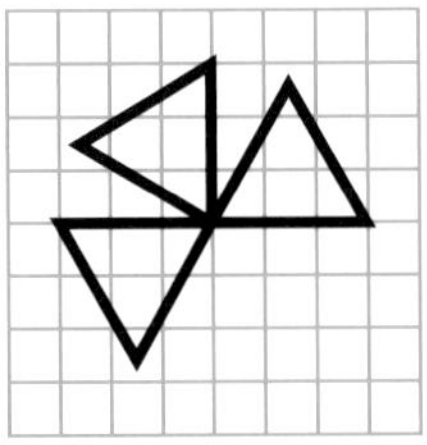

㋒
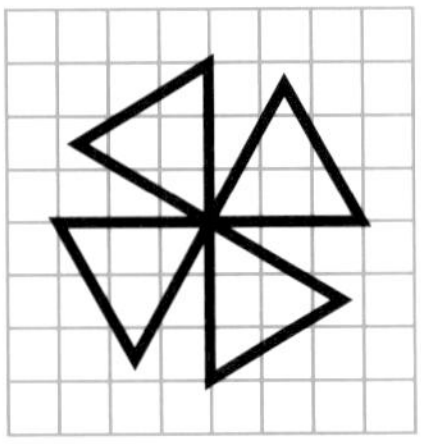

（　　　　）

「三角形をかく」の回数で、三角形が何個できるかを考えよう！
回転する向きと角度に注意しよう！

点

19 関数 ②

❶ さくらさんは計算ロボットに、計算をするための命令を覚えさせています。
さくらさんは次の命令をつくりました。

40点(1つ20)

```
たし算（1つ目の数，2つ目の数）とは
    結果←1つ目の数＋2つ目の数
    結果　を表示する
である
```

さくらさんがつくった命令に「2」と「4」の数を入れて、ロボットに計算させると、「6」が表示されます。

① 次の命令を実行すると、何が表示されますか。

```
たし算（8，3）
```

㋐　8＋3
㋑　8＋3←11
㋒　11←8＋3
㋓　11

（　　　）

② さくらさんは計算ロボットに、次の新しい命令を覚えさせました。

```
平行四辺形の面積（底辺，高さ）とは
    結果←底辺×高さ
    結果　を表示する
である
```

次の命令を実行すると、何が表示されますか。

```
平行四辺形の面積（2，4）
```

㋐　2×4
㋑　8
㋒　2×4←8
㋓　8←2×4

表示されるのは、計算の結果だよ。

（　　　）

2 さくらさんは計算ロボットに、計算をするための命令を覚えさせています。
次の命令をつくりました。

60点(1つ20)

> ひき算（1つ目の数，2つ目の数）とは
>   結果←1つ目の数－2つ目の数
>   結果　を表示する
> である

1つ目の数の方が、
2つ目の数より
大きくなるように
数を入れるよ。

① さくらさんがつくった命令に数を入れて、ロボットに計算させると、「3」と表示されました。
さくらさんは、次の?にどの数を入れましたか。

> ひき算（?, 6）

  ㋐ 3
  ㋑ 4
  ㋒ 8
  ㋓ 9

（　　）

② 命令に数を入れて、ロボットに計算させると、「7」と表示されました。
さくらさんは、次の?にどの数を入れましたか。

> ひき算（10, ?）

  ㋐ 3
  ㋑ 4
  ㋒ 7
  ㋓ 9

（　　）

③ さくらさんは、三角形の面積を計算した結果を表示する命令を考えました。
三角形の面積は「底辺×高さ÷2」で求めることができます。

> 三角形の面積（底辺，高さ）とは
>   結果←底辺×?÷2
>   結果　を表示する
> である

計算ロボットが正しく計算するには?に何を入れるといいですか。

  ㋐ 底辺
  ㋑ 高さ
  ㋒ 面積
  ㋓ 数

（　　）

最後に表示されるのは、計算の結果だけだね。
式は表示されないことに気をつけよう。

20 関数 ③

1 そうたさんは計算ロボットに、計算をするための命令を覚えさせます。

そうたさんは「わり算（1つ目の数，2つ目の数）」という命令を送ると、入力された2つの数をわり算する命令をつくりました。

> わり算（1つ目の数，2つ目の数）とは
>   1つ目の数÷2つ目の数　を返す
> である

送る
返す

計算ロボットは次の命令を実行します。

> 計算結果←わり算（6，2）
> 計算結果←計算結果＋5

最初の命令では「わり算」を計算し、その結果に「計算結果」という名前をつけます。

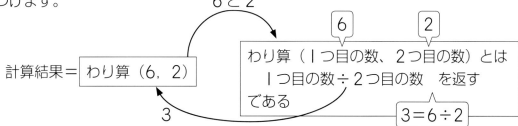

6と2

計算結果＝ わり算（6，2）

わり算（1つ目の数、2つ目の数）とは
  1つ目の数÷2つ目の数　を返す
である

3

3＝6÷2

次の命令では、計算結果に5をたします。

3

> 計算結果←計算結果＋5

計算結果は「8」です。

今度は数を変えて計算ロボットに計算させます。
次の命令を実行しました。

> 計算結果←わり算（18，2）
> 計算結果←計算結果＋5

18÷2＝9
9＋5＝？

計算結果は次のうちどれですか。

㋐　7　　　㋑　10　　　㋒　14

30点

（　　　　）

[2] そうたさんは[1]の計算ロボットで次の命令を実行しました。 35点

計算結果←わり算（56，8） 計算結果←計算結果＋6

計算結果は次のうちどれですか。

㋐ 8　㋑ 13　㋒ 24　㋓ 42

（　　）

[3] そうたさんは計算ロボットに、計算するための命令を覚えさせています。
そうたさんは「かけ算（１つ目の数、２つ目の数）」という命令を送ると、
入力された２つの数をかけ算する命令をつくりました。

かけ算（１つ目の数，２つ目の数）とは 　１つ目の数×２つ目の数　を返す である

計算ロボットは次の命令を実行します。

計算結果←かけ算（6，2） 計算結果←計算結果－5

最初の命令では「かけ算」を計算し、その結果に「計算結果」という名前をつけます。
次の命令では、計算結果から５をひきます。
計算結果は「7」です。

今度は数を変えて計算ロボットに計算させます。
次の命令を実行しました。

計算結果←かけ算（4，7） 計算結果←計算結果－9

計算結果は次のうちどれですか。 35点

㋐ 19　㋑ 20　㋒ 28　㋓ 37

（　　）

計算が２回あるから、一気に解こうとせず、１回ずつ答えを出して、ていねいに解こう！

❶ そうたさんは、ロボットに配達する家の番号を命令してピザを配達します。

   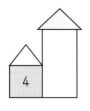

そうたさんは、次のようにロボットに命令しました。

番号←3
ピザを配達（番号）

ロボットは番号が「3」の家にピザを配達します。

 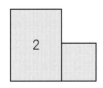 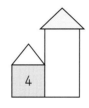

そうたさんは、次のようにロボットに命令しました。
ピザが配達されるのは、どの番号の家ですか。　　　　　　25点

番号←2
ピザを配達（番号）
番号←番号＋2
ピザを配達（番号）

2つ目の家の番号は、
1つ目の家の番号＋2だから、
2＋2＝4

　㋐　2の家と1の家
　㋑　2の家と3の家
　㋒　2の家と4の家
　㋓　2の家と5の家

（　　　　）

2 そうたさんは、ロボットに命令してピザを配達します。
ピザが配達されるのは、どの番号の家ですか。　　75点(1つ25)

①

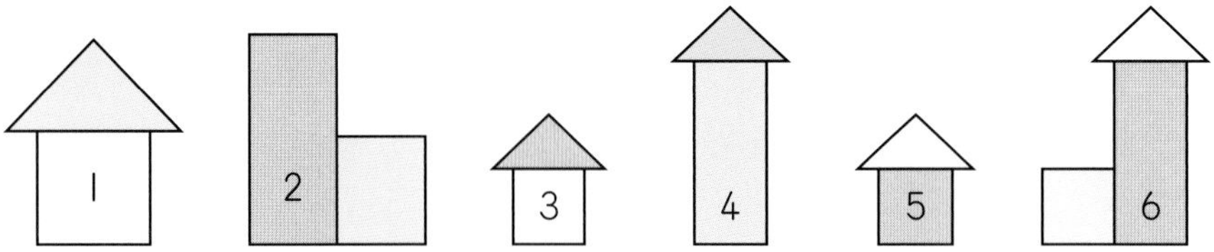

番号←1 ピザを配達(番号) 番号←番号＋3 ピザを配達(番号)

㋐　1の家と3の家　　㋑　1の家と4の家
㋒　1の家と5の家　　㋓　1の家と6の家

(　　　)

②

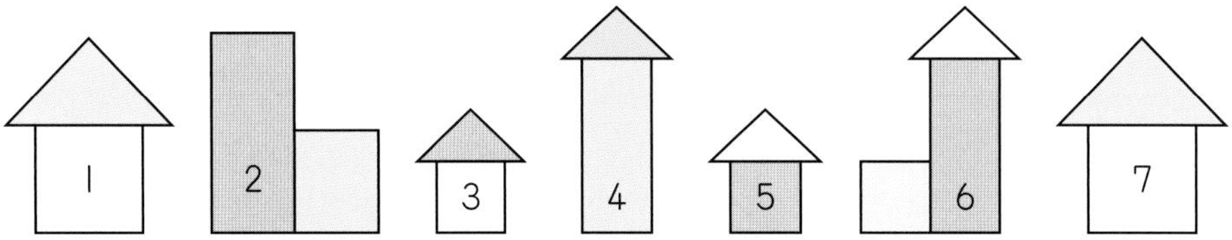

番号←3 ピザを配達(番号) 番号←番号＋4 ピザを配達(番号)

㋐　3の家と1の家　　㋑　3の家と4の家
㋒　3の家と6の家　　㋓　3の家と7の家

(　　　)

③

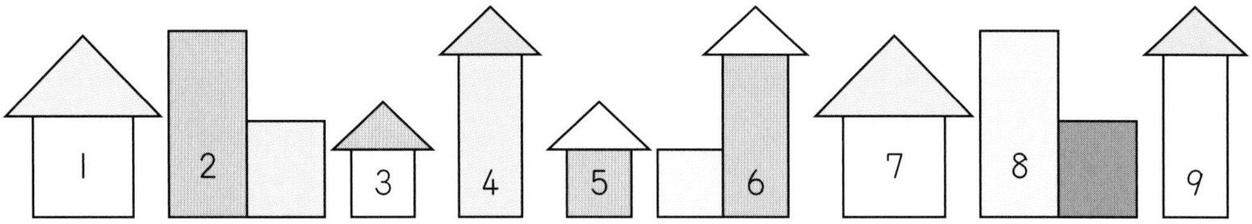

番号←8 ピザを配達(番号) 番号←番号－5 ピザを配達(番号)

㋐　8の家と3の家　　㋑　8の家と5の家
㋒　8の家と6の家　　㋓　8の家と9の家

(　　　)

2つ目の家の番号は1つ目の番号にいくつかたしたり、1つ目の番号からいくつかひいたりして求(もと)めるよ！

❶ さくらさんは 1 から 13 までの番号がかかれた用紙を見つけました。

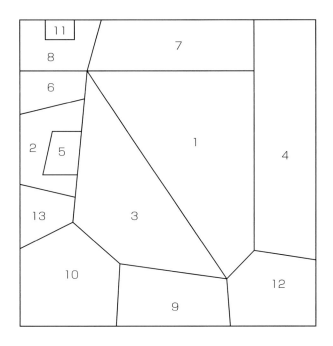

次のルールにしたがって、用紙に色をぬりましょう。　　　　　　　50点

番号←3
番号＞0の間
　ぬる（番号）
　番号←番号−1
をくり返す

1回目…番号←3　3の部分をぬります。
　　　　番号←番号−1　→　3−1で番号は2になります。
2回目…番号←2　2の部分をぬります。
　　　　番号←番号−1　→　2−1で番号は1になります。
3回目…番号←1　1の部分をぬります。
　　　　番号←番号−1　→　1−1で番号は0になります。
4回目…番号←0　番号が0になったのでおわり。

2 さくらさんは1から46までの番号がかかれた用紙を見つけました。

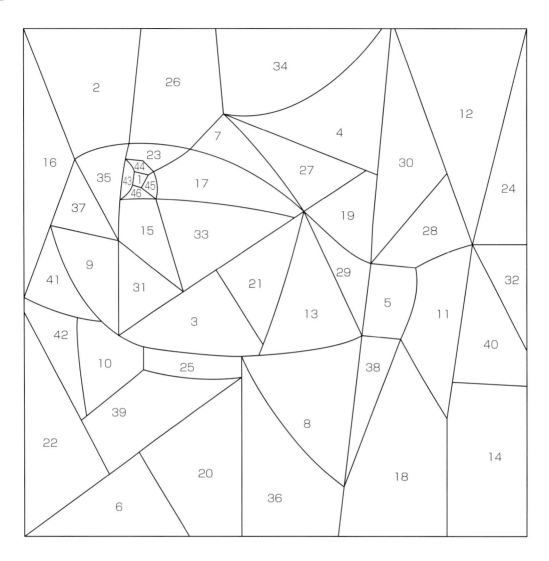

次のルールにしたがって、用紙に色をぬりましょう。

50点

```
番号←35
番号＞0の間
　ぬる（番号）
　番号←番号－2
をくり返す
```

と中て計算まちがいをしたら、その後は全部まちがいになるので、気をつけて計算しよう。色をぬり終えたら、かくれたものがわかるよ。

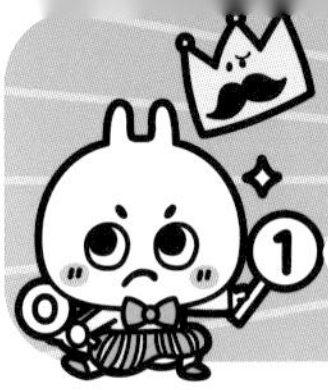

23 まとめのテスト

1 ロボットが3体あり、それぞれ最後に伝えられたことばを覚えます。はるとさんは、次のようにロボットに数を覚えるように命令しました。　48点(1つ16)

ロボット1号←5
ロボット2号←2
ロボット3号←9
ロボット1号←ロボット2号
ロボット2号←ロボット3号

ロボット1号、2号、3号が覚えている数は何ですか。

㋐ 5　㋑ 2　㋒ 9

ロボット1号（　　）　ロボット2号（　　）　ロボット3号（　　）

2 ロボットは、次の6つのことばを覚えています。

ロボット[ ]←{ ”すずめ”, ”はと”, ”からす”, ”インコ”, ”ペンギン”, ”フクロウ” }

	[1]	[2]	[3]	[4]	[5]	[6]
ロボット	すずめ	はと	からす	インコ	ペンギン	フクロウ

ロボットに次の命令を送りました。

ロボット[3]←”シマウマ”
ロボット[4]←”ゴリラ”

ロボットが覚えていることばの組み合わせとして正しいのはどれですか。　16点

㋐ すずめ、はと、シマウマ、ゴリラ、ペンギン、フクロウ
㋑ すずめ、はと、シマウマ、ゴリラ、インコ、ペンギン、フクロウ
㋒ すずめ、シマウマ、からす、インコ、ゴリラ、フクロウ
㋓ すずめ、はと、ゴリラ、シマウマ、ペンギン、フクロウ

（　　）

3 そうたさんはロボットを動かして線をかきます。ロボットは▶の形で、右を向いています。そうたさんがつくった命令をロボットは実行します。

そうたさんはロボットに新しい命令を覚えさせました。

図形をかく（角度）とは 　進む（2） 　左回り（角度） 　進む（2） 　左回り（角度） 　進む（2） 　左回り（角度） である

そうたさんが次のように命令すると、ロボットはどのような線をかきますか。　18点

図形をかく（120）

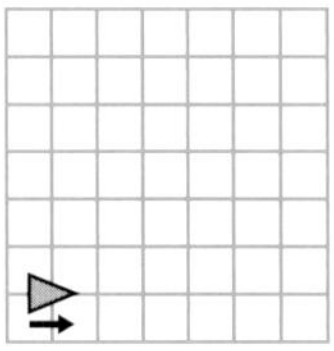

㋐ ㋑ ㋒ ㋓

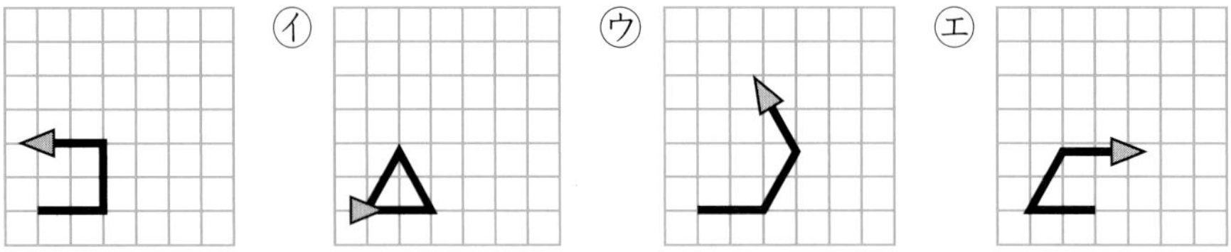

（　　　）

4 そうたさんは、ロボットに配達する家の番号を命令してピザを配達します。

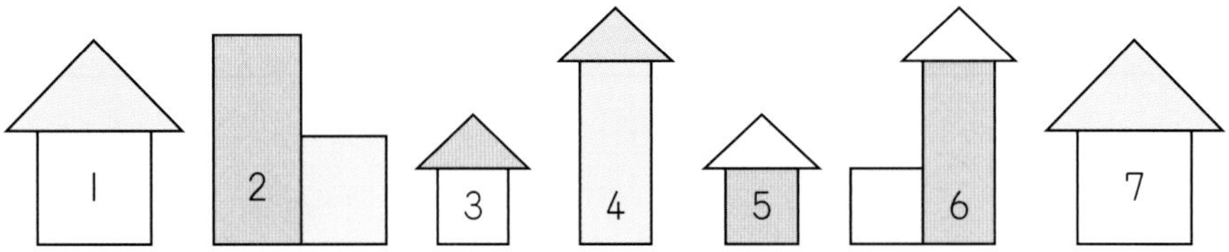

そうたさんは、次のようにロボットに命令しました。
ピザが配達されるのは、どの番号の家ですか。　18点

番号←5 ピザを配達（番号） 番号←番号－2 ピザを配達（番号）

㋐　5の家と1の家　　㋑　5の家と2の家
㋒　5の家と3の家　　㋓　5の家と7の家

（　　　）

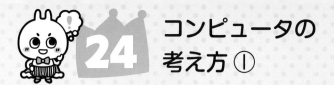

24 コンピュータの 考え方 ①

月　日　時　分〜　時　分

名前

点

1 2つのカーペットを重ねると、カーペットの色が変わります。

・白色と白色のカーペットが重なると白色になり、それ以外は黒色になる。

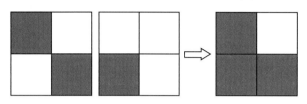

次の2つのカーペットが重なると、どのようなもようになりますか。
実際にぬってみましょう。

25点

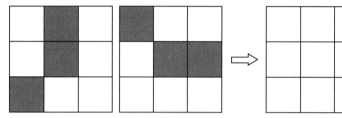

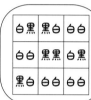

2 2つのカーペットを重ねると、カーペットの色が変わります。

・1つでも白色が重なったカーペットの色は白色になる。
・黒色と黒色が重なったカーペットの色は黒色になる。

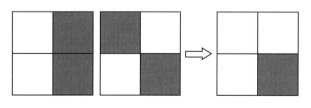

次の2つのカーペットが重なると、どのようなもようになりますか。
実際にぬってみましょう。

25点

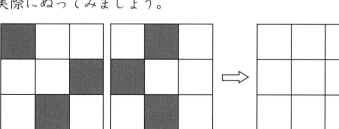

③ 2つのカーペットを重ねると、カーペットの色が変わります。
色は次のルールにしたがって変化します。

- 1つでも白色が重なったカーペットは白色になる。
- 黒色と黒色が重なったカーペットは黒色になる。
- 上のルールで変化したあとに白色は黒色に、黒色は白色に変える。

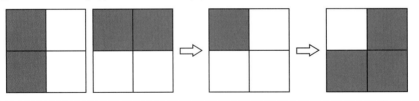

次の2つのカーペットが重なると、どのようなもようになるでしょうか。
実際にぬってみましょう。

25点

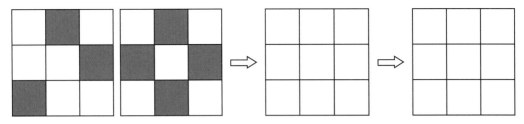

④ 2つのカーペットを重ねると、カーペットの色が変わります。
色は次のルールにしたがって変化します。

- 白色と黒色が重なると白色になる。
- 白色と白色が重なると黒色になる。
- 黒色と黒色が重なると黒色になる。

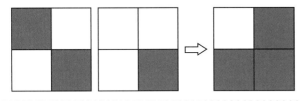

次の2つのカーペットが重なると、どのようなもようになりますか。
実際にぬってみましょう。

25点

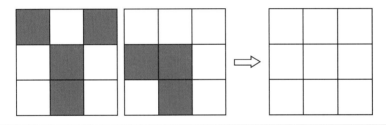

まず、何色と何色が重なるかをかきこもう！
次に、かきこんだ色から、ルールを確かめて、どう変わるかを考えよう！

1 次のカードは部屋のドアを開けるためのものです。カードには番号がかかれています。

9784904013021

　そうたさんはこのカードを使って、部屋に入ろうとしています。カードのよみとり機は、次のとおりに、ドアを開けるか開けないかの判断をします。

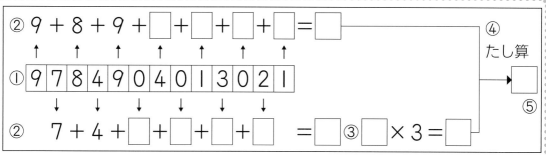

① カードの番号をよみとる。

② 左から1、3、5、7、9、11、13番目の数字を上にかく。
　 左から2、4、6、8、10、12番目の数字を下にかく。
　 それぞれたし算する。

③ 下のほうのたし算の結果に3をかける。

④ 上のほうのたし算の結果と③の結果をたし算する。

⑤ たし算した数の一の位を調べる。

　・一の位の数が0なら、　　　　ドアを開ける。
　・一の位の数が0でないなら、ドアを開けない。

　そうたさんは部屋に入ることができますか。正しいほうに○をかきましょう。

10点

　　　　　　はい　　　　　　　いいえ

2 そうたさんはカードを使って部屋に入ろうとしています。カードのよみとり機は次のとおりにドアを開けるか開けないかの判断をします。

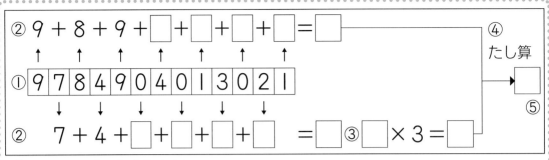

① カードの番号をよみとる。
② 左から1、3、5、7、9、11、13番目の数字を上にかく。
　左から2、4、6、8、10、12番目の数字を下にかく。
　それぞれたし算する。
③ 下のほうのたし算の結果に3をかける。
④ 上のほうのたし算の結果と③の結果をたし算する。
⑤ たし算した数の一の位を調べる。
　・一の位の数が0なら、　　　ドアを開ける。
　・一の位の数が0でないなら、ドアを開けない。

次のカードで、そうたさんは部屋に入ることができますか。正しいほうに○をかきましょう。

90点(1つ15)

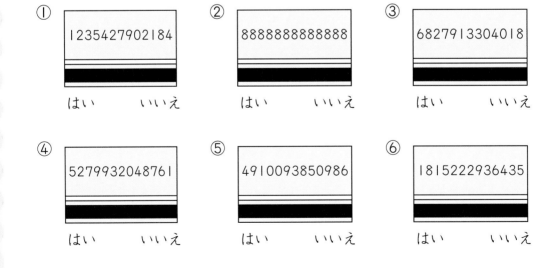

上にかく数と下にかく数を正しく分けよう！
計算ミスに注意しよう！

26 アルゴリズム ①

1 あおいさんはロボットとかくれんぼをしています。あおいさんがかくれるのは箱の中です。ロボットになるべく見つからないようにかくれます。 　　　　20点(1つ4)

ロボットは次のルールにしたがって動きます。

> 左から順に箱の中を見ていく

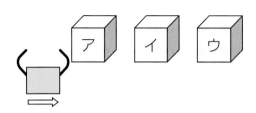

① あおいさんはどの箱にかくれたらロボットに見つかりにくいか考えています。それぞれの箱をロボットが何回目に開けるのか（　）に数をかきましょう。

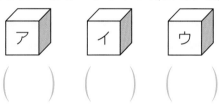

（　　　）　　（　　　）　　（　　　）

② ロボットが最も早くあおいさんを見つけるのは何回目に箱を開けたときですか。

（　　　　　　）回目

③ ロボットが最もおそくあおいさんを見つけるのは何回目に箱を開けたときですか。

（　　　　　　）回目

> 左から順に開けるから、
> ロボットが箱を開けるのは１回目がア、
> ２回目がイ、３回目がウだね。

❷ ロボットは次のルールにしたがって動きます。　　　　　　　35点(1つ5)

> 左から順に箱の中を見ていく

① あおいさんはどの箱にかくれたらロボットに見つかりにくいか考えています。そ
れぞれの箱をロボットが何回目に開けるのか(　　)に数をかきましょう。

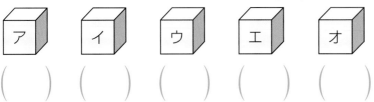

(　　)　(　　)　(　　)　(　　)　(　　)

② ロボットが最も早くあおいさんを見つけるのは何回目に箱を開けたときですか。

(　　　　　)回目

③ ロボットが最もおそくあおいさんを見つけるのは何回目に箱を開けたときですか。

(　　　　　)回目

❸ ロボットは次のルールにしたがって動きます。　　　　　　　45点(1つ5)

> 左から順に箱の中を見ていく

① あおいさんはどの箱にかくれたらロボットに見つかりにくいか考えています。そ
れぞれの箱をロボットが何回目に開けるのか(　　)に数をかきましょう。

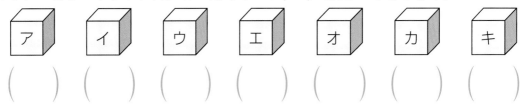

(　　)　(　　)　(　　)　(　　)　(　　)　(　　)　(　　)

② ロボットが最も早くあおいさんを見つけるのは何回目に箱を開けたときですか。

(　　　　　)回目

③ ロボットが最もおそくあおいさんを見つけるのは何回目に箱を開けたときですか。

(　　　　　)回目

ロボットが箱をあける順番をまちがえないようにしよう。
箱を開ける順番がわかれば、②と③はかん単だよ。

月　日　時　分〜　時　分

名前

点

27 アルゴリズム ②

1 あおいさんはロボットと数あてゲームをしています。はじめ、トランプはうら返しになっていて、左から小さい順にならんでいます。あおいさんはトランプの中からロボットになるべく見つかりにくい数を選びます。

35点(1つ7)

　　ロボットはあおいさんが選んだ数のカードを見つけるまで次のルールにしたがって動きます。

---
1. 真ん中のカードをめくる
2. さがしている数より小さければ右がわをさがす
　 さがしている数より大きければ左がわをさがす
3. 見つけるまで1、2をくり返す

　　ロボットは1まいめくるごとに「この数ですか」とあおいさんに聞きます。あおいさんは「選んだ数より大きい」か「選んだ数より小さい」か「あたり」で答えます。

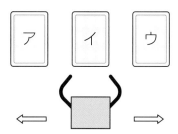

① あおいさんはどの数を選んだらロボットに見つかりにくいか考えています。それぞれのカードをロボットが何回目にめくるのか（　）に数をかきましょう。

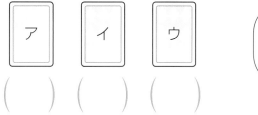

ロボットは
まず、真ん中をめくって、
次に、右か左をめくるね。

ア	イ	ウ
⇧	⇧	⇧
2	1	2

② ロボットがカードを最も早く見つけるのは何回目ですか。

（　　　　　）回目

③ ロボットがカードを最もおそく見つけるのは何回目ですか。

（　　　　　）回目

❷ トランプはうら返しになっていて、左から小さい順にならんでいます。ロボットは次のルールにしたがって動きます。

65点(①1つ7、②、③1つ8)

> 1. 真ん中のカードをめくる
>   (カードのまい数が偶数の場合は、右がわをめくる)
> 2. さがしている数より小さければ右がわをさがす
>   さがしている数より大きければ左がわをさがす
> 3. 見つけるまで1、2をくり返す

偶数
0 2 4 6 …

ロボットがそれぞれのカードを何回目にめくるのか（　）の中に数をかきます。
ロボットは真ん中にカードがない場合は、右がわを先にさがします。

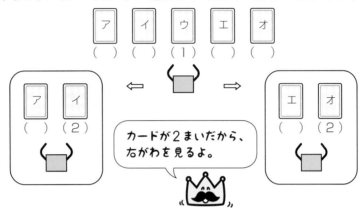

```
ア   イ   ウ   エ   オ
( )  ( )  (1)  ( )  ( )
```

カードが2まいだから、
左がわを見るよ。

ア　イ
( )　(2)

エ　オ
( )　(2)

　カードの数が5まいのとき、ロボットがカードを最も早く見つけるのは1回目です。最もおそく見つけるのは3回目です。

① あおいさんはカードが7まいあるとき次のどのカードを選んだらロボットに見つかりにくいか考えています。それぞれのカードをロボットが何回目にめくるのか（　）に数をかきましょう。

```
  ア      イ      ウ      エ      オ      カ      キ
(    )  (    )  (    )  (    )  (    )  (    )  (    )
```

② ロボットがカードを最も早く見つけるのは何回目ですか。

（　　　　　）回目

③ ロボットがカードを最もおそく見つけるのは何回目ですか。

（　　　　　）回目

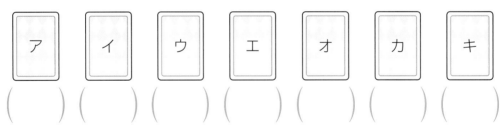

ロボットは真ん中を見てから右か左を見ることをくり返すよ。

28 アルゴリズム ③

1 はるとさんはロボットに命令して、箱にかかれた数が右から小さい順にならびかえます。ロボットは数を1個だけ覚えることができます。
　ロボットは次のルールにしたがって動きます。

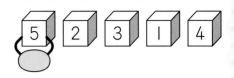

48点(1つ12)

> 1. 一番左にある箱の数を覚える
> 2. 右にある箱の数を見て、覚えている数より小さければその数を覚える
> 3. 一番右はしに着いたら覚えている数の箱を右はしに移動する
> 4. すべての数が右へ移動するまで、1〜3をくり返す
>   （右はしに移動した箱は見ない）

① 次の表はロボットの動きを表したものです。㋐、㋑、㋒に入る数は何ですか。

比べた回数	ロボットが覚えた数	となりの数	ロボットの動き
—	5	—	5 2 3 1 4
1回目	5	2	5 2 3 1 4
2回目	2	3	5 2 3 1 4
3回目	2	1	5 2 3 1 4
4回目	1	4	5 2 3 1 4
—	5	—	5 2 3 4 1
5回目	5	2	5 2 3 4 1
6回目	㋐	㋑	5 2 3 4 1
7回目	㋐	㋒	5 2 3 4 1
—	5	—	5 3 4 2 1
8回目	5	㋑	5 3 4 2 1
9回目	㋑	㋒	5 3 4 2 1
—	5	—	5 4 3 2 1
10回目	5	㋒	5 4 3 2 1

4回目が終わったあと、数は5、2、3、4、1の順でならんでいるね。

㋐（　　　　）　㋑（　　　　）　㋒（　　　　）

② ロボットは全部で何回箱を比べますか。
　㋐　5回　　㋑　10回　　㋒　15回

（　　　　）

2 はるとさんはロボットに命令して、箱にかかれた数が右から小さい順にならびかえます。ロボットは数を1個(こ)だけ覚えることができます。

ロボットは次のルールにしたがって動きます。

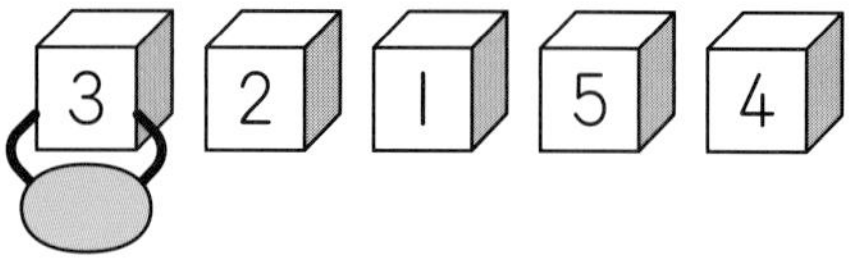

52点(1つ13)

> 1．一番左にある箱の数を覚える
> 2．右にある箱の数を見て、覚えている数より小さければその数を覚える
> 3．一番右はしに着いたら覚えている数の箱を右はしに移動(いどう)する
> 4．すべての数が右へ移動するまで、1～3をくり返す
> (右はしに移動した箱は見ない)

① 次の表はロボットの動きを表したものです。㋐、㋑、㋒に入る数は何ですか。

比(くら)べた回数	ロボットが覚えた数	となりの数	ロボットの動き
ー	3	ー	3 2 1 5 4
1回目	3	2	3 2 1 5 4
2回目	2	1	3 2 1 5 4
3回目	1	5	3 2 1 5 4
4回目	1	4	3 2 1 5 4
ー	3	ー	3 2 5 4 1
5回目	3	2	3 2 5 4 1
6回目	㋐	㋑	3 2 5 4 1
7回目	㋐	㋒	3 2 5 4 1
ー	3	ー	3 5 4 2 1
8回目	3	㋑	3 5 4 2 1
9回目	3	㋒	3 5 4 2 1
ー	㋑	ー	5 4 3 2 1
10回目	㋑	㋒	5 4 3 2 1

㋐(　　　)　㋑(　　　)　㋒(　　　)

② ロボットは全部で何回箱を比べますか。

㋐ 5回　㋑ 10回　㋒ 15回

(　　　)

小さい数が右に動いていくよ。
右はしに数を置いたあとのならび方をメモしておくといいね。

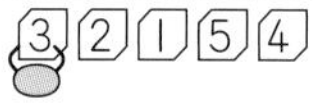

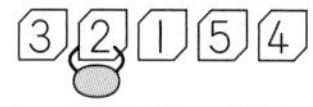

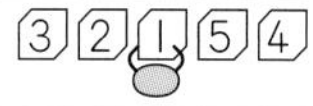

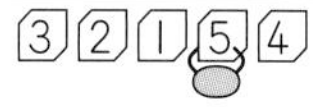

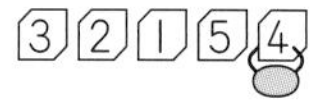

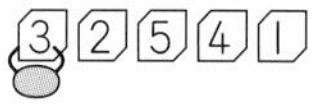

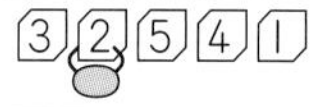

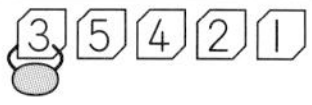

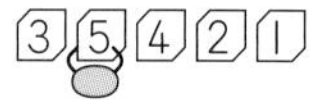

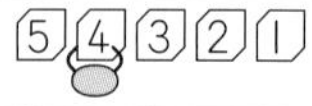

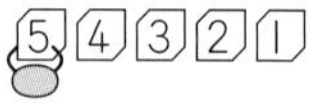

29 アルゴリズム④

❶ あおいさんはロボットに命令して、箱に
かかれた数が小さい順にならびかえます。

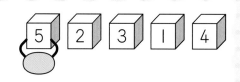

ロボットは次のルールにしたがって動きます。

> １．正面の数と右どなりの数を見る
> ２．となりの数のほうが小さければ、正面にある箱と右どなりの箱を交か
>   んする
> ３．右へ移動する、ロボットが右はしに移動するまで、１〜３をくり返す
> ４．右はしまできたら左はしにもどる（右はしに移動した箱は見ない）

ロボットは手が短いので、箱の入れかえはとなりどうしの箱のみです。
次の表はルールにしたがってロボットが数を比べたときの箱の動きを表しています。

48点(1つ8)

比べた回数	比べる数		交かん	比べた後の箱の動き
0回目	−	−	−	52314
1回目	5	2	する	25314
2回目	5	3	する	23514
3回目	5	1	する	23154
4回目	5	4	する	23145
5回目	2	3	しない	23145
6回目	3	1	する	21345
7回目	3	4	㋐	21345
8回目	2	1	㋑	12345
9回目	2	3	㋒	12345
10回目	1	2	㋓	12345

① 比べる数の左がわの数が右がわよりも大きいときに
箱を交かんします。交かんの列には、交かんする場合
は「する」、交かんしない場合は「しない」とかきます。
㋐〜㋓にあてはまることばをかきましょう。

> ㋐、㋒、㋓は左がわが
> 小さく、㋑は左がわが
> 大きいね。

㋐（　　　　　）　㋑（　　　　　）　㋒（　　　　　）　㋓（　　　　　）

② ロボットは全部で箱を何回交かんしましたか。　　　　（　　　　　）回

③ ロボットは全部で何回箱を比べますか。　　　　　　　（　　　　　）回

2 あおいさんはロボットに命令して、箱にかかれた数が小さい順にならびかえます。

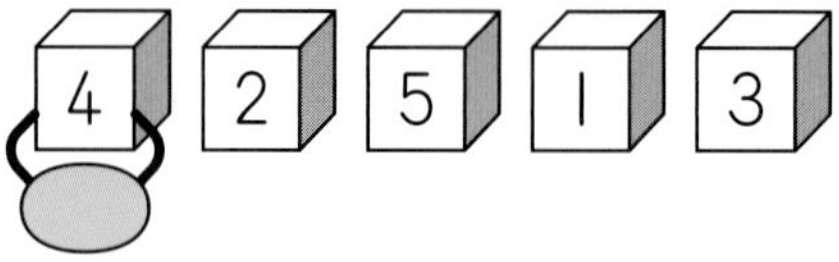

ロボットは次のルールにしたがって動きます。

1. 正面の数と右どなりの数を見る
2. となりの数のほうが小さければ、正面にある箱と右どなりの箱を交かんする
3. 右へ移動する、ロボットが右はしに移動するまで、1〜3をくり返す
4. 右はしまできたら左はしにもどる（右はしに移動した箱は見ない）

ロボットは手が短いので、箱の入れかえはとなりどうしの箱のみです。
次の表はルールにしたがってロボットが数を比べたときの箱の動きを表しています。

52点（①1つ8、②、③1つ10）

比べた回数	比べる数		交かん	比べた後の箱の動き
0回目	−	−	−	42513
1回目	4	2	する	24513
2回目	4	5	しない	24513
3回目	5	1	する	24153
4回目	5	3	する	24135
5回目	2	4	しない	24135
6回目	4	1	する	21435
7回目	4	3	㋐	21345
8回目	2	1	㋑	12345
9回目	2	3	㋒	12345
10回目	1	2	㋓	12345

① 比べる数の左がわの数が右がわよりも大きいときに箱を交かんします。交かんの列には、交かんする場合は「する」、交かんしない場合は「しない」とかきます。㋐〜㋓にあてはまることばをかきましょう

㋐（　　　　）　㋑（　　　　）　㋒（　　　　）　㋓（　　　　）

② ロボットは全部で箱を何回交かんしましたか。（　　　　）回

③ ロボットは全部で何回箱を比べますか。（　　　　）回

大きい数が右に動いていくよ。
どの数とどの数を比べるのかをていねいに確かめよう！

30 アルゴリズム ⑤

1 次の図の〇の中にかかれている数は、何分かかるかを表しています。

それぞれのメモのとおりに進むと、何分かかりますか。このとき、同じ道を何度でも通ることができます。

40点(1つ20)

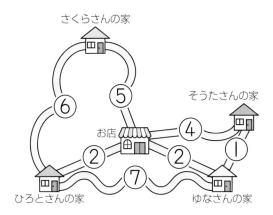

① さくらさんの家からお店の前を通って、そうたさんの家に行く。

> ・さくらさんの家からお店に最も近い道を選ぶ
> ・お店からそうたさんの家に最も近い道を選ぶ

⑦　7分

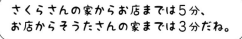
さくらさんの家からお店までは5分、
お店からそうたさんの家までは3分だね。

④　8分

⑰　9分

⑳　10分

（　　　）

② さくらさんの家からゆなさんの家の前を通って、ひろとさんの家に行く。

> ・さくらさんの家からゆなさんの家に最も近い道を選ぶ
> ・ゆなさんの家からひろとさんの家に最も近い道を選ぶ

⑦　11分

④　12分

⑰　13分

⑳　14分

（　　　）

2 次の図の○の中にかかれている数は、何分かかるかを表しています。 60点(1つ20)

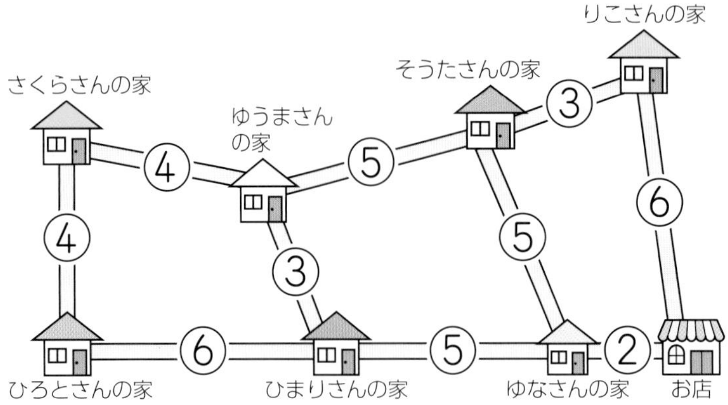

① さくらさんの家からお店の前を通って、ゆなさんの家に行きます。最も早くゆなさんの家に着くのに何分かかりますか。

㋐ 12分
㋑ 16分
㋒ 19分
㋓ 20分

(　　)

② そうたさんの家からひまりさんの家の前を通って、りこさんの家に行きます。最も早くりこさんの家に着くのに何分かかりますか。

㋐ 16分
㋑ 18分
㋒ 19分
㋓ 21分

(　　)

③ ひろとさんの家からゆうまさんの家の前を通ってから、ゆなさんの家の前を通って、りこさんの家に行きます。最も早くりこさんの家に着くのに何分かかりますか。

㋐ 24分
㋑ 25分
㋒ 26分
㋓ 27分

(　　)

行き方が1通りでないこともあるので、それぞれの行き方でかかる時間をていねいに調べよう！

31 アルゴリズム ⑥

❶ そうたさんは4kgの本が入るかばんを使って、本を運びます。2kgの本を1さつ運ぶとコインを3まいもらえます。1kgの本を1さつ運ぶとコインを1まいもらえます。

36点(①1つ7、②8)

2kg

1kg

① 次の本を運ぶとき、コインを何まいもらえますか。

　㋐　2kgの本を1さつ、1kgの本を2さつ

3×1+1×2=
（　　　　）まい

　㋑　2kgの本を1さつ、1kgの本を1さつ

（　　　　）まい

　㋒　1kgの本を4さつ

（　　　　）まい

　㋓　2kgの本を2さつ

（　　　　）まい

② ①の㋐〜㋓で、最も多くのコインをもらえるのは、どれですか。

（　　　　）

1kgあたりでもらえるコインのまい数を調べてみよう。

2kgの本　　コイン3まい
↓
1kgでは　　コイン1.5まい

1kgの本　　コイン1まい

2kgの本を運んだ方がいいね。

2 そうたさんは8kgの本が入るかばんを使って、本を運びます。3kgの本を1さつ運ぶとコインを4まいもらえます。1kgの本を1さつ運ぶとコインを1まいもらえます。

32点(1つ8)

3kg
¥ ¥ ¥ ¥

1kg
¥

次の本を運ぶとき、コインを何まいもらえますか。

① 3kgの本を2さつ、1kgの本を2さつ

(   ) まい

② 3kgの本を2さつ、1kgの本を1さつ

(   ) まい

③ 3kgの本を1さつ、1kgの本を5さつ

(   ) まい

④ 1kgの本を8さつ

(   ) まい

3 そうたさんは18kgの本が入るかばんを使って、本を運びます。2kgの本を1さつ運ぶとコインを3まいもらえます。3kgの本を1さつ運ぶとコインを4まいもらえます。

32点(1つ8)

2kg
¥ ¥ ¥

3kg
¥ ¥ ¥ ¥

次の本を運ぶとき、コインを何まいもらえますか。

① 2kgの本を3さつ、3kgの本を4さつ

(   ) まい

② 2kgの本を6さつ、3kgの本を2さつ

(   ) まい

③ 2kgの本を9さつ

(   ) まい

④ 3kgの本を6さつ

(   ) まい

もらえるコインのまい数は、(1さつでもらえるコインのまい数)×(本のさつ数)で求められるね！

32 データ活用 ①

❶ あるお店では、商品を「商品ノート」に記録しています。　　　　　　30点

商品ノート

商品番号	商品名	ねだん(円)
100	りんご	50
200	お花	80
300	小松菜	40

　このお店では、4月11日と12日に5つの商品が売れました。何日に何が売れたのかは「売上ノート」に記録しています。

売上ノート

番号	日付	商品番号
1	4月11日	100
2	4月11日	200
3	4月12日	100
4	4月12日	300
5	4月12日	100

商品番号が100だから、「商品ノート」を見ると、りんごが売れたことがわかるね。

　商品ノートと売上ノートからわかることで、正しいものはどれですか。
- ㋐　4月12日に5つの商品が売れた。
- ㋑　2日間で一番多く売れたのは「りんご」だった。
- ㋒　4月11日は「りんご」と「小松菜」が売れた。
- ㋓　4月12日は「りんご」だけ売れた。

商品がどれだけ売れたかは「売上ノート」を見ればいいね。

何が売れたかを調べるときは「売上ノート」と「商品ノート」を両方見ればいいね。

(　　　　)

2 あるお店では、商品を「商品ノート」に記録しています。
このお店では、5月24日と25日に5つの商品が売れました。何日に何が売れたのかは「売上ノート」に記録しています。 35点

商品ノート

商品番号	商品名	ねだん(円)
100	にんじん	150
200	もも	350
300	とり肉	250

売上ノート

番号	日付	商品番号
1	5月24日	100
2	5月24日	200
3	5月24日	100
4	5月25日	300
5	5月25日	100

商品ノートと売上ノートからわかることで、正しいものはどれですか。

㋐ 5月24日に4つの商品が売れた。
㋑ 5月25日は「もも」と「とり肉」が売れた。
㋒ 2日間で一番多く売れたのは「にんじん」だった。
㋓ 2日間とも「とり肉」が売れた。

(　　　)

3 あるお店では、商品を「商品ノート」に記録しています。
このお店では、7月3日と4日に5つの商品が売れました。何日に何が売れたのかは「売上ノート」に記録しています。 35点

商品ノート

商品番号	商品名	ねだん(円)
100	ノート	180
200	えんぴつ	60
300	消しゴム	90

売上ノート

番号	日付	商品番号
1	7月3日	200
2	7月3日	300
3	7月4日	100
4	7月4日	300
5	7月4日	100

商品ノートと売上ノートからわかることで、正しいものはどれですか。

㋐ 7月4日に5つの商品が売れた。
㋑ 「えんぴつ」は7月3日に売れた。
㋒ 2日間とも「ノート」が売れた。
㋓ 2日間の売り上げ金額(がく)は640円だった。

(　　　)

どちらのノートにも「商品番号」がかかれているから、「商品番号」に注目して考えよう！

33 データ活用 ②

❶ あるお店では、商品を「商品ノート」に記録しています。

40点(1つ20)

商品ノート

商品番号	商品名	ねだん(円)
100	トマト	90
200	みかん	30
300	ちくわ	70
400	ピーマン	80

このお店では、8月29日と30日に6つの商品が売れました。何日に何が売れたのかは「売上ノート」に記録しています。

売上ノート

番号	日付	商品番号
1	8月29日	100
2	8月29日	200
3	8月29日	100
4	8月29日	400
5	8月30日	300
6	8月30日	100

① 8月29日に売れた商品の合計金額は何円ですか。

　㋐　160円
　㋑　290円
　㋒　350円
　㋓　800円

商品番号を見ると、何が売れたかがわかるね。

（　　　）

② 8月30日に売れた商品の合計金額は何円ですか。

　㋐　100円
　㋑　160円
　㋒　230円
　㋓　400円

「売上ノート」を見るときは、「商品ノート」もいっしょに見るといいね。

（　　　）

2 あるお店では、商品を「商品ノート」に記録しています。

このお店では、10月3日と4日に6つの商品が売れました。何日に何が売れたのかは「売上ノート」に記録しています。

40点(1つ20)

商品ノート

商品番号	商品名	ねだん(円)
100	きゅうり	40
200	たまねぎ	50
300	キャベツ	180
400	ねぎ	90

売上ノート

番号	日付	商品番号
1	10月3日	200
2	10月3日	300
3	10月4日	200
4	10月4日	100
5	10月4日	200
6	10月4日	400

① 2日間でたまねぎは何個売れましたか。

( ) 個

② 2日間のたまねぎの売り上げ合計金額は何円ですか。

( ) 円

3 あるお店では、商品を「商品ノート」に記録しています。

このお店では、12月14日と15日に6つの商品が売れました。何日に何が売れたのかは「売上ノート」に記録しています。

20点

商品ノート

商品番号	商品名	ねだん(円)
100	牛にゅう	180
200	オレンジジュース	120
300	お茶	90
400	コーヒー	250

売上ノート

番号	日付	商品番号
1	12月14日	300
2	12月14日	400
3	12月14日	200
4	12月14日	300
5	12月15日	400
6	12月15日	100

いちばん売り上げ金額が少なかった商品はどれですか。

㋐ 牛にゅう

㋑ オレンジジュース

㋒ お茶

㋓ コーヒー

( )

どちらのノートにも「商品番号」がかかれているから、「商品番号」に注目して考えよう!

34 移り変わり図 ①

点

1 次の図は、自動はん売機で商品を買う流れを表したものです。　　30点

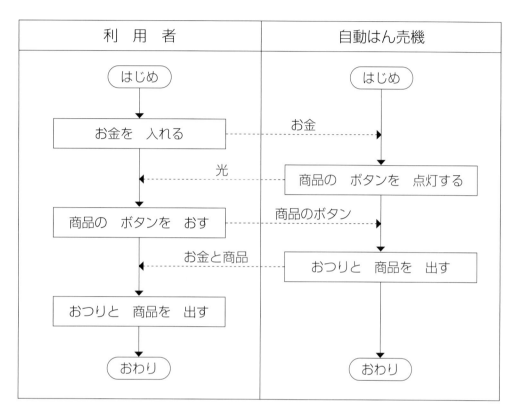

次の説明の中から、正しいものを選びましょう。

㋐　商品のボタンが点灯したら、利用者はお金を入れる。

㋑　自動はん売機は利用者が商品のボタンをおすとおつりと商品を出す。

㋒　利用者は商品を取り出した後にお金を入れる。

㋓　自動はん売機は利用者がお金を入れるとすぐに商品を出す。

図の順序とあっているかを確かめよう。

（　　　）

② 次の図は、スーパーマーケットのレジでのやりとりを表したものです。70点(1つ35)

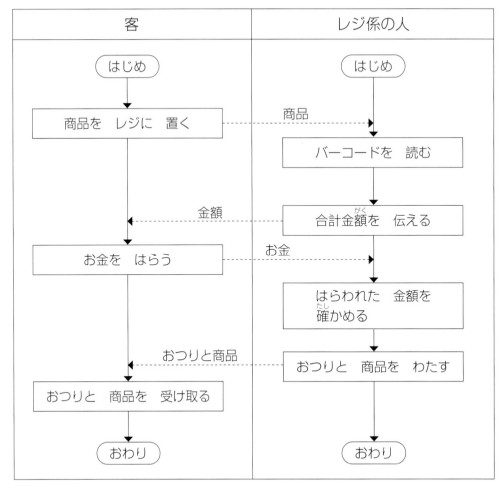

スーパーマーケットのレジでは、レジ係の人が客の出した商品のバーコードを読んで、合計金額を出します。客はお金をはらい、レジ係ははらわれたお金を確かめておつりと商品をわたします。

次の説明の中から、正しいものを2つ選びましょう。

㋐ 客は商品を置くと同時にお金をはらう。

㋑ レジ係は合計金額を伝えると同時に商品をわたす。

㋒ 客は商品の合計金額を確かめてからお金をはらう。

㋓ レジ係は客がはらった金額を確かめてから合計金額を伝える。

㋔ 客は商品のお金をはらってから商品を置く。

㋕ レジ係は客がはらった金額を確かめてからおつりと商品をわたす。

（　　　　）と（　　　　）

㋐〜㋕の文と図を照らし合わせて、1つ1つ流れを確かめよう！

35 移り変わり図 ②

月　日　　時　分〜　時　分

名前

点

① 次の図は、水の変化を表したものです。　　　　60点(1つ15)

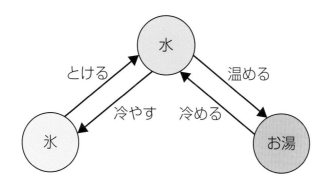

例えば、水を冷やすと氷になります。

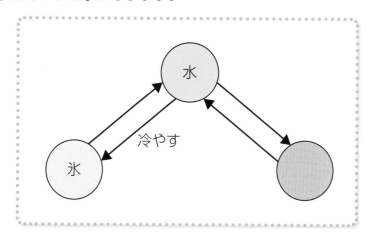

（　）にあてはまることばをかきましょう。

① 水は温めると（　　　　）になる。

② お湯は冷めると（　　　　）になる。

③ （　　　　）はとけると水になる。

④ （　　　　）は冷やすと氷になる。

図の「とける」、「冷やす」、「温める」、「冷める」でそれぞれ何が何に変わるかな？

❷ さくらさんは電気のむだづかいを防ごうと、次の図のように、自分の部屋のライトをそうさするしくみを考えました。 **20点**

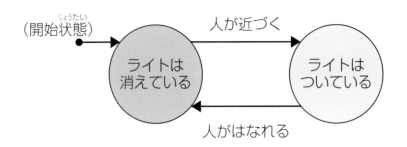

次の説明のうち、正しいものはどれですか。

㋐　人がはなれるとライトがつく。
㋑　人が近づくとライトが消える。
㋒　人がはなれるとライトが消える。

（　　　）

❸ そうたさんは水のむだづかいを防ごうと、次の図のように、水道のじゃ口をそうさするしくみを考えました。 **20点**

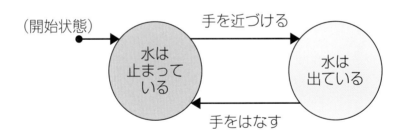

次の説明のうち、正しいものはどれですか。

㋐　手がはなれると水が止まる。
㋑　手がはなれると水が出る。
㋒　手が近づくと水が止まる。

（　　　）

図を見て、ライトや水がどう変化するかに注目しよう！

月　　日　目標時間 **15**分

名前

点

1 そうたさんは次のカードを使って部屋に入ろうとしています。カードのよみとり機は次のとおりに、ドアを開けるか開けないかの判断をします。　18点

4825354512948

はい　　いいえ

② 9 + 8 + 9 + □ + □ + □ + □ = □
① 9 7 8 4 9 0 4 0 1 3 0 2 1
② 7 + 4 + □ + □ + □ + □ = □ ③ □ × 3 = □
④ たし算 □
⑤

①カードの番号をよみとる。
②左から1、3、5、7、9、11、13番目の数字を上にかく。
　左から2、4、6、8、10、12番目の数字を下にかく。
　それぞれたし算する。
③下のほうのたし算の結果に3をかける。
④上のほうのたし算の結果と③の結果をたし算する。
⑤たし算した数の一の位を調べる。
　・一の位の数が0なら、　　ドアを開ける。
　・一の位の数が0でないなら、ドアを開けない。

そうたさんは部屋に入ることができますか。正しいほうに○をかきましょう。

2 トランプがうら返しになっていて、左から小さい順にならんでいます。ロボットは次のルールにしたがって動きます。

1. 真ん中のカードをめくる（カードのまい数が偶数の場合は、右がわをめくる）
2. さがしている数より小さければ右がわをさがす
　　さがしている数より大きければ左がわをさがす
3. 見つけるまで1、2をくり返す

66点(1つ6)

① あおいさんはカードが9まいあるとき次のどのカードを選んだらロボットに見つかりにくいか考えています。それぞれのカードをロボットが何回目にめくるのか（　）に数をかきましょう。

| ア | イ | ウ | エ | オ | カ | キ | ク | ケ |

（　）（　）（　）（　）（　）（　）（　）（　）（　）

② ロボットがカードを最も早く見つけるのは何回目ですか。（　　　）回目

③ ロボットがカードを最もおそく見つけるのは何回目ですか。（　　　）回目

③ あるお店では、商品を「商品ノート」に記録しています。
このお店では、2月26日と27日に6つの商品が売れました。何日に何が売れたのかは「売上ノート」に記録しています。　　　　　　　　　　　　　8点

商品ノート

商品番号	商品名	ねだん(円)
100	チーズ	180
200	ゼリー	120
300	ガム	80
400	みそ	250

売上ノート

番号	日付	商品番号
1	2月26日	100
2	2月26日	200
3	2月26日	100
4	2月26日	400
5	2月27日	300
6	2月27日	100

商品ノートと売上ノートからわかることで、正しいものはどれですか。

㋐　2月26日に3つの商品が売れた。
㋑　「ゼリー」は2月27日に売れた。
㋒　2日間で一番多く売れたのは「チーズ」だった。
㋓　2日間とも「みそ」が売れた。

（　　　　）

④ あるおもちゃの電車には「切」、「LO」、「HI」の3つのスイッチがあり、電車は次の図のようなしくみで走ったり止まったりします。　　　　　　　　　　　　　8点

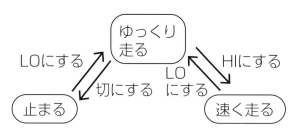

次の説明のうち、正しいものはどれですか。

㋐　「LO」にすると電車はゆっくり走る。
㋑　「HI」にすると電車はゆっくり走る。
㋒　「LO」にすると電車は止まる。
㋓　「切」にすると電車はゆっくり走る。

（　　　　）

37 しあげのドリル1

月　日　目標時間 15 分

名前　　　　点

1 さくらさんはかめのロボットを動かして、線をかきます。

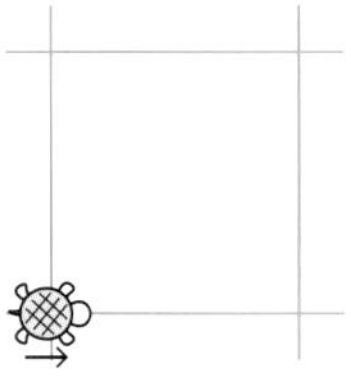

🐢はロボットで、→のほうに動きます。ロボットを動かすには、次の命令を使います。命令の(　)の中には数を入れます。

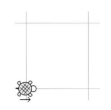

[進む（1）]

(　)の中に1を入れると、向いている方に1マス進む。

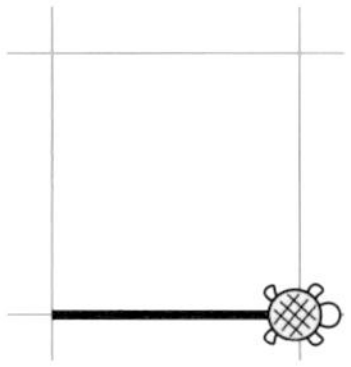

[左回り（90）]

(　)の中に90を入れると、90度左に回転する。

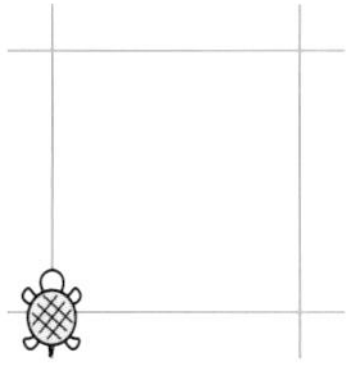

次の命令を実行すると、図のように線をかくことができます。

進む（1） 左回り（90） 進む（1） 左回り（90）

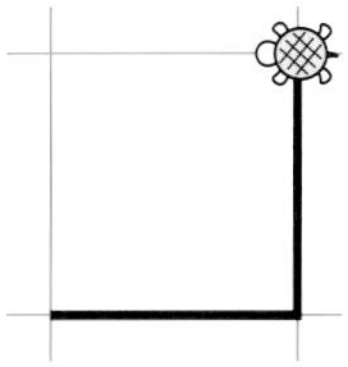

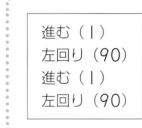

さくらさんは上の命令につけたして、次のような正方形をかきます。命令の続きはどれにすればいいですか。　20点

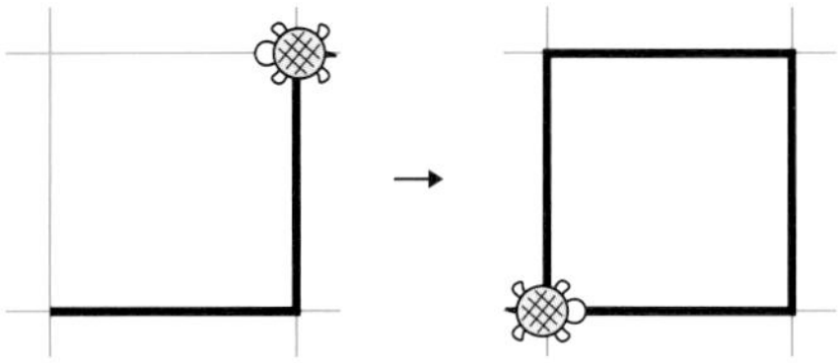

㋐
進む（1）
左回り（90）
進む（1）
左回り（90）

㋑
進む（1）
右回り（90）
進む（1）
右回り（90）

㋒
進む（90）
左回り（100）
進む（90）
左回り（90）

(　　　　)

2 さくらさんはかめのロボットを動かして、次のような正三角形をかきます。

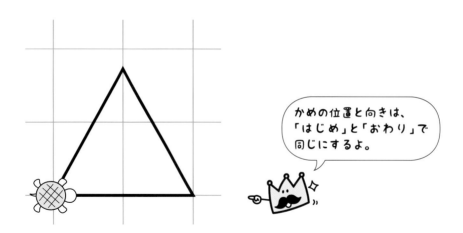

かめの位置と向きは、「はじめ」と「おわり」で同じにするよ。

次の命令を実行すると図のように線をかくことができます。

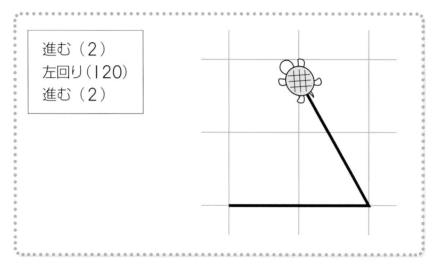

進む（2）
左回り（120）
進む（2）

さくらさんは上の命令に、次のようにつけたして、正三角形をかきます。（　）にあてはまることばや数をかきましょう。

80点(1つ20)

（　　　　　）回り（（　　　　　））

進む（（　　　　　））

左回り（（　　　　　））

38 しあげのドリル2

1　さくらさんはかめのロボットを動かして、次のような正五角形をかきます。

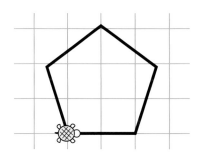

かめの位置と向きは、「はじめ」と「おわり」で同じにするよ。

次の命令を実行すると、図のように線をかくことができます。

進む（2）
左回り（72）
進む（2）
左回り（72）
進む（2）

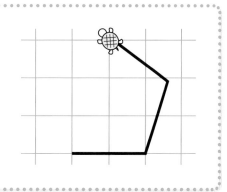

　さくらさんは上の命令に、次のようにつけたして、正五角形をかきます。（　）にあてはまることばや数をかきましょう。

28点(1つ7)

左回り（（　　　　））

進む（（　　　　））

（　　　　）回り（72）

進む（2）

左回り（（　　　　））

上の命令では、1辺の長さは2で、左回りに動くように命令しているね。

2 さくらさんはかめのロボットを動かして、次のような階だんの線をかきます。

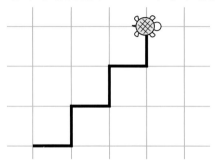

次の命令を実行すると、図のように線をかくことができます。

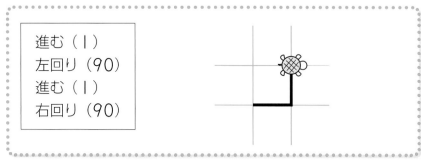

| 進む（１） |
| 左回り（90） |
| 進む（１） |
| 右回り（90） |

階だんの線をかくには、さくらさんはどのような命令をかけばいいですか。命令の続きを( )の中にかきましょう。　　　　　　　　72点(1つ9)

| 進む（１） |
| 左回り（90） |
| 進む（１） |
| 右回り（90） |
| ( ) |
| ( ) |
| ( ) |
| ( ) |
| ( ) |
| ( ) |
| ( ) |
| ( ) |

39 しあげのドリル3

1 さくらさんはかめのロボットを動かして、正三角形をかくプログラムをつくりました。

 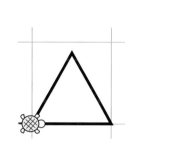

```
進む（1）
左回り（120）
進む（1）
左回り（120）
進む（1）
左回り（120）
```

　プログラムが長くなってしまったので、同じ命令をくり返している部分をまとめて短く表します。

　命令をまとめるためには、くり返したい命令を「ここから」と「をくり返す」ではさみます。そして、何回くり返すのかを「ここから」のあとにかきます。

　┊┈┊の正三角形をかくプログラムを正しく表しているものは次のうちどれですか。

40点

ⓐ
```
ここから4回
　進む（1）
　右回り（120）
をくり返す
```

ⓘ
```
ここから3回
　進む（1）
　右回り（120）
をくり返す
```

ⓦ
```
ここから3回
　進む（1）
　左回り（120）
をくり返す
```

ⓔ
```
ここから3回
　進む（1）
をくり返す
ここから3回
　左回り（120）
をくり返す
```

まとめる前の命令では、「進む（1）」と「左回り（120）」を交ごに3回くり返しているね。

（　　　）

2 さくらさんはかめのロボットを動かして、次のような線をかくプログラムをつくりました。

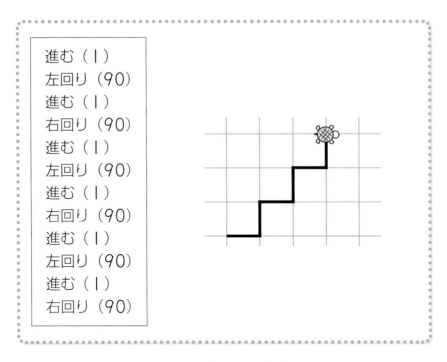

```
進む（1）
左回り（90）
進む（1）
右回り（90）
進む（1）
左回り（90）
進む（1）
右回り（90）
進む（1）
左回り（90）
進む（1）
右回り（90）
```

プログラムが長くなってしまったので、同じ命令をくり返している部分をまとめて短く表します。

プログラムをまとめて表すとどのようになりますか。次の(　　)にくり返す回数、□の中にくり返す命令をかきましょう。

60点

```
ここから (　　　) 回

┌─────────────┐
│             │
│             │
│             │
│             │
└─────────────┘
をくり返す
```

 5・6年の
楽しいプログラミング

1 順序①

1 エ
2 エ
3 ウ
4 エ
5 ㋐左　㋑右　㋒ハート

考え方 コンピュータは命令を1つずつ順番に実行しています。これを「順次しょ理」といいます。順次しょ理はプログラムの基本的な動きの1つです。コンピュータは、先にかかれたプログラム（命令）から順に実行します。例えば、次のように置く図形の種類は同じでも、命令する順番がちがうと、コンピュータはちがう動きをします。

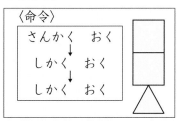

「さんかく　おく」の命令の
順番を変えると…

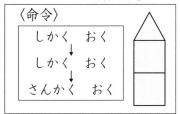

この問題では、手順にしたがって画用紙に絵をかくことをとおして、順次しょ理について考えます。

1 1から3までの手順どおりに図形をかくと、かくことのできる絵を選たくしの中から選びましょう。わかりにくければ、紙の余白に手順どおりに図形をかいて考えましょう。

5 完成した絵を見て、画用紙に絵をかくための手順を考えます。ことばや数をあてはめたあとに、完成した絵のとおりにかくことができるか試してみましょう。もし考えた手順で同じ絵をかくことができなければ、どこでまちがえてしまったのか考えてみましょう。

問題文のとおりに画用紙に絵をかくと次のようにかくことができます。

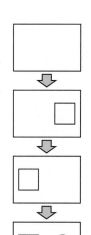

2 順序②

1 ㋑
2 ㋒
3 ㋑
4 ㋐
5 ㋓

考え方 2 1から3まで指示にしたがって画用紙に絵をかいたものを選たくしから選びます。わかりにくければ、紙の余白に手順どおりに図形をかいて考えましょう。1から順に画用紙に絵をかくと次のようになります。

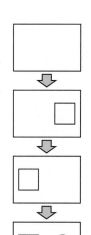

3 順序 ③

① エ

② ①

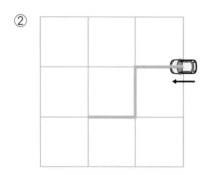

②

考え方 フローチャートはプログラムのしょ理の流れを表した図です。フローチャートでは、はじまりとおわりを⬭で表し、しょ理の内容を長方形で表します。プログラムの流れは上から下へとかきます。

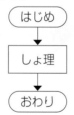

この問題では、フローチャートで示されたとおりにロボットを動かすことをとおして、順次しょ理について考えます。

① 車のロボットは長方形で囲まれた命令を上から下へ順に実行していきます。「1マス進む」「左を向く」「1マス進む」「1マス進む」を順に実行すると、ロボットは答えと同じ線をかきます。「左を向く」命令は、向きが変わるだけで、マスは移動しないことに注意しましょう。

② ①フローチャートで示された手順のとおりに線をかきましょう。「右を向く」命令はロボットの向きが変わるだけで、マスは移動しません。

4 順序 ④

① ①カ
　②エ
　③ウ

② ①オ
　②ア
　③エ

考え方 **①** 長方形で囲まれた命令を1つずつ確にんし、車のロボットがどのように動くのか、順に考えましょう。

② ロボットのかいた線を選たくしの中から選びます。まずは手順通りにロボットを動かしたとき、どのような線をかくことができるかを考えます。その線と同じものを選たくしから選びましょう。選たくしはロボットのスタートの位置がそれぞれちがうことに注意しましょう。

👑5 くり返し①

1 うま、しまうま

2 ①しか
②もも
③かもしか

3 ①あかおに
②あおあお
③かに

4 ①むし
②けしごむ

考え方 コンピュータは同じ命令をくり返し実行することを得意としています。複数の命令を１つのまとまりとしてくり返し実行することを「反復しょ理」といいます。反復しょ理も順次しょ理と同じくプログラムの基本的な動きの１つです。

　この問題では、「矢印が示した文字を読む」「指定された数だけ矢印の位置を動かす」といった動きを１つのまとまりとして、決められた回数くり返すことで、反復しょ理について考えます。

1 はじめに矢印が示している文字を読みます（「う」）。次にかぎの数だけ矢印を右回りに動かします。今回のかぎは「3」なので、右に３つ進むと「ま」です。また、右に３つ進むと「し」です。これを空らんがうまるまでくり返します。

👑6 くり返し②

1 ㋐

2 ①㋡
②㋚
③㋕

考え方 フローチャートでは反復を行うしょ理を　　　　と　　　　ではさむことで、くり返して実行するしょ理のはん囲を表します。　　　　や　　　　の中には、くり返す条件やくり返す回数をかきます。

　今回の問題ではフローチャートで示されたとおりに、ひこうきのロボットの動きを考えることをとおして、反復しょ理について考えます。

2 ①くり返す内容と回数を確にんしましょう。今回は「１マス進む→右を向く→１マス進む」を３回くり返します。

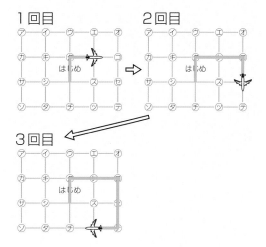

　わかりにくければ、それぞれの命令でロボットはどこまで動くのか、指でたどりながら考えてみましょう。

7 分岐①

1 ㋒

2 ①㋑　②㋓　③㋐　④㋒

考え方　コンピュータは条件によって、実行するしょ理（動き）を変えることができます。これを「分岐しょ理」といいます。分岐しょ理も順次しょ理、反復しょ理と同じく、プログラムの基本的な動きの１つです。

今回の問題では、かん板にかかれた絵によってロボットの動きが変わることをとおして、分岐しょ理について考えます。

2　①ロボットは、かん板に「★」がかかれていたら曲がります。次のルートでロボットが動くとき、次のように進むので㋑のたからものを見つけることができます。

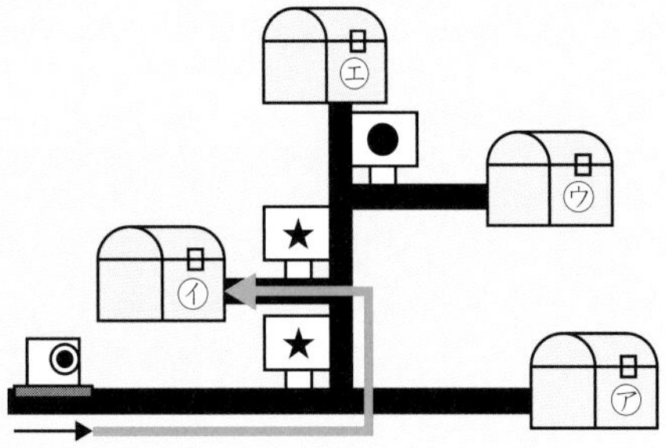

8 分岐②

1 ㋐

2 ①㋓　②㋑

考え方　あげる旗によってパンの種類がちがうことをとおして、分岐しょ理について考えます。

1　流れてきたパンの種類によってあげる旗が変わります。左から順にさくらさんがあげた旗を見ていきます。さくらさんは「緑」「白」「両方」「白」「緑」の順に旗をあげているので、ベルトコンベアには「メロンパン」「クリームパン」「メロンパンとクリームパン以外のパン」「クリームパン」「メロンパン」の順にパンが流れてきたことがわかります。

9 分岐③

1 2

2 ①2

②3

③3

④1

考え方　ある条件によってトマトをしゅうかくすることをくり返すことをとおして、反復しょ理と分岐しょ理について考えます。

2　①ロボットはルールにしたがって動くと、次のようにトマトをしゅうかくします。

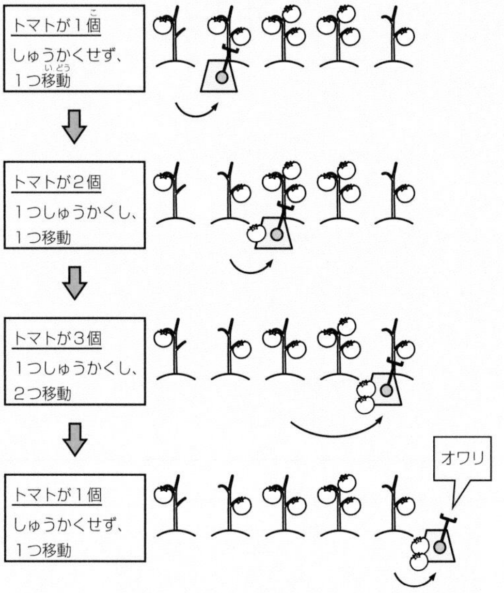

ロボットはトマトを全部で２個しゅうかくすることができます。

10 分岐④

1 ①㋑

②㋒

2 ①㋑

②㋐

③㋒

考え方　フローチャートでは分岐をひし形で示し、ひし形の中に条件をかきます。条件によってたどる矢印の先の動きが変わります。

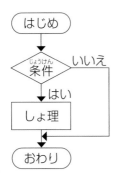

今回の問題では、フローチャートで示された
とおりにクッキーの形によってふくろに入れる
かどうかを考えることをとおして、分岐しょ理
について考えます。

❶ ①◻のクッキーを入れるふくろをフロー
チャートにしたがって決めます。ひし形にか
かれている内容が条件です。まず、「クッ
キーは丸い？」という条件があります。クッ
キーは丸くないので、「いいえ」の矢印を進
みます。次に「クッキーは四角い？」という
条件があります。クッキーは四角いので「は
い」の矢印を進みます。その矢印の先には、
「チェックがらのふくろに入れる」とかかれ
ているので、クッキーをチェックがらのふく
ろに入れます。矢印を進むと「おわり」に着
くので、おわりです。

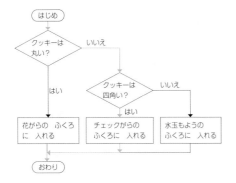

❶ ㋐
❷ ㋒
❸ 3
❹ ㋒

考え方 順次しょ理、反復しょ理、分岐しょ理
に関するまとめの問題です。

❶ 1から4まで順に指示にしたがって画用紙
に絵をかいたものを選たくしから選びます。
わかりにくければ、紙の余白に図形をかいて
考えましょう。1から順に画用紙に絵をかく
と次のようになります。

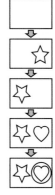

❸ ロボットがルールのとおりにトマトをしゅ
うかくすると、次のように動きます。

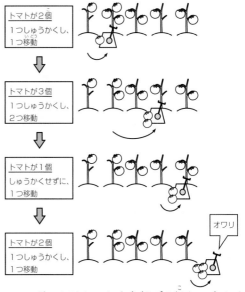

　ロボットはトマトを全部で3個しゅうかく
します。

🐿12 変数①

1 ①ロボット１号　ⓐ
　　ロボット２号　ⓑ
　　ロボット３号　ⓐ
　②ロボット１号　ⓐ
　　ロボット２号　ⓐ
　　ロボット３号　ⓑ

2 ロボット１号　8
　ロボット２号　8
　ロボット３号　8

3 ロボット１号　9
　ロボット２号　8
　ロボット３号　8

考え方　プログラミングで重要な考え方の１つに「変数」があります。変数はプログラムで使用する値を一時的に覚えておくことができ、必要なときに値を使ったり、値によってしょ理を変こうするとき等に使われます。１つの変数に覚えておくことができるのは１つの値だけです。

　今回の問題では、ロボットが最後に伝えられたことばを覚えることを通して、「変数の値を１つだけ入れることができる」ことや、「値を入れると、入っていた値は、新しい値で上がきされる」という変数のしくみについて考えます。

1　①ロボット１号の覚えていることばは「こんにちは」です。ロボット２号が覚えていることばは「ハロー」です。ロボット１号が覚えていることばをロボット３号に覚えるように命令したので、ロボット３号は「こんにちは」を覚えます。

🐿13 変数②

1 ①ⓔ
　②ⓔ
2 ①ⓒ
　②ⓔ
3 ①ⓑ
　②ⓒ

考え方　変数に保ぞんした値を使って計算することもできます。

　今回の問題では、計算した結果を同じ変数に入れることを通して、変数への値の上がきについて考えます。

1　①「長さ」は「3」で、「ぬいしろの長さ」は「2」の値になっています。「長さ」と「ぬいしろの長さ」をたし算した結果を「長さ」に上がきします。このときの「長さ」の値はいくつになるか考えましょう。このとき、最初の「長さ」の値（長さ←3）は消えて、たし算した結果が入ります。

3　①「布の長さ」は「10」で、「ぬいしろの長さ」は「3」の値になっています。「布の長さ」から「ぬいしろの長さ」をひき算した結果を「カーテンの長さ」に上がきします。このときの「カーテンの長さ」の値はいくつになるか考えましょう。

🐿14 変数③

1 ①ⓑ
　②（上から）3、2
2 ①ⓒ
　②ⓔ
3 （上から）20、30

考え方　**1**　①そうたさんの記録は「そうた←ゆうま−2」です。ゆうまさんの記録は「5」なので、式にあてはめると「そうた←5−2」です。そうたさんの記録は「3」になります。

2　①はるとさんの記録は「はると←ゆうま」です。ゆうまさんの記録は「5」なので、はるとさんの記録も「5」になります。

🐿15 配列①

1 ①マンゴー
　②たまねぎ
　③りんご、じゃがいも
2 ①ぶどう
　②かき、レタス
　③もも、かぼちゃ、トマト

[考え方] コンピュータでデータをあつかう方法の一つに「配列」があります。配列はいくつかのデータ（変数）を1列にならべてまとめたものです。プログラミングでいくつかのデータを使いたいときによく利用されます。

今回の問題では、倉庫を配列、倉庫に入れられた荷物を変数（要素）に見立てて、配列のせん言と配列の要素を読むことをあつかいます。

❶ ①倉庫の名前と番号の組み合わせで、荷物を取り出すことができます。「くだもの倉庫［4］取り出す」という命令は、くだもの倉庫の4番目にある荷物を取り出すという意味です。

	[1]	[2]	[3]	[4]	[5]
くだもの倉庫	りんご	ぶどう	みかん	マンゴー	バナナ

16 配列②

❶ ㋓

❷ ①㋒

②㋑

[考え方] 配列の要素の上がきについてあつかう問題です。

❶ ロボットはそれぞれの番号の場所に1つのことばだけ覚えることができます。覚えていることばを変えたい場合には、ロボットの名前と番号の組み合わせで場所を指定して、新しいことばを教えてあげればよいです。

	[1]	[2]	[3]	[4]	[5]
ロボット	マンタ	ジンベイザメ	~~クマノミ~~ コスモス	ウミガメ	ウツボ

17 配列③

❶ ①33　②65

③58　④132

⑤12　⑥9

⑦18　⑧0

⑨341　⑩275

⑪1333　⑫484

❷ ①55　②107

③15　④0

⑤561　⑥1938

❸ ①68　②118

③26　④34

⑤600　⑥576

[考え方] 配列に保ぞんされたデータを使った計算についてあつかう問題です。

❶ ①式にどの数があてはまるのか考えましょう。好きな数［1］には「22」、好きな数［3］には「11」があります。式のとおりに計算すると22＋11で、答えは33です。

18 関数①

❶ ㋒

❷ ㋒

[考え方] プログラミングでは、複数の命令を組み合わせて、オリジナルの命令をつくることができます。これを「関数」といいます。関数は必要なしょ理に名前をつけてまとめたもので、値（引数）をあたえるとその値を利用してしょ理がおこなわれるものがあります。プログラムの中で何度も同じようなしょ理をおこなう場合に便利です。

今回の問題では、「進む ()」「左回り ()」の命令を組み合わせて新しい関数をつくることと、作成した新しい関数を使うことについてあつかっています。

❶ 「進む ()」命令の（　）の中に入れた数だけロボットは前進し、「左回り ()」命令の（　）の中に入れた角度だけ、ロボットは向きを変えます。

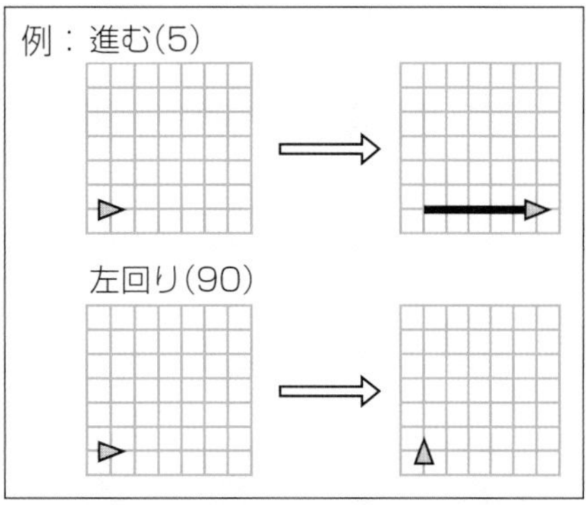

「線をかく ()」命令でロボットがどのように動くか考えましょう。「線をかく ()」命令を3回おこなうと、ロボットはどのような線

をかくか考えてみましょう。

❷ 「三角形をかく（）」命令でロボットがどのように動くか考えましょう。そして、「三角形をかく（）」命令のあとに、「左回り（90）」をしたとき、ロボットがどの向きを向いて、「三角形をかく（）」命令をおこなうかに注意しましょう。

🐰👑19 関数②

❶ ①エ
　②イ

❷ ①エ
　②ア
　③イ

考え方　関数ではいくつかの値をわたし、それを使ってしょ理をおこなうこともできます。関数にわたす値を「引数」といいます。

　今回の問題では、2つの値を使って計算する関数を実行した結果を考えることで、関数について考えます。

❶ ②まず、関数がどのような命令の組み合わせでつくられているのか考えましょう。最初の行を見ると、関数を実行するときに1番目にかいた数は底辺、2番目にかいた数は高さにあてはめればよいことがわかります。

> 平行四辺形の面積（底辺，高さ）とは
> 　結果←底辺×高さ
> 　結果　を表示する
> である

　次に2行目を見ると、底辺×高さの計算結果を結果に入れることがわかります。

> 平行四辺形の面積（底辺，高さ）とは
> 　<u>結果←底辺×高さ</u>
> 　結果　を表示する
> である

　3行目を見ると、結果を表示することがわかります。

> 平行四辺形の面積（底辺，高さ）とは
> 　結果←底辺×高さ
> 　<u>結果　を表示する</u>
> である

　これらのことから、この関数は1番目と2

番目の数をかけ算した結果を表示する（平行四辺形の面積を求める）ことがわかります。それらをふまえて「平行四辺形の面積（2，4）」と命令すると何が表示されるか考えてみましょう。

🐰👑20 関数③

❶ ウ

❷ イ

❸ ア

考え方　関数は値をいくつかわたし、それを使ってしょ理をおこなった結果をプログラムに戻して使うこともできます。その値を「戻り値」といいます。

　今回の問題では、2つの値を使って計算をおこなう関数を実行し、その結果を再利用することをとおして、関数について考えます。

❶ わり算（18，2）を実行した結果を計算結果に入れます。まず、わり算（18，2）の実行結果がどうなるのかを考えましょう。結果は「9」なので、計算結果に入れます（計算結果←9）。次に、「計算結果←計算結果＋5」を計算します。答えは何になるか考えましょう。

🐰👑21 変数④

❶ ウ

❷ ①イ　②エ　③ア

考え方　この問題では、変数の値を関数の引数として使うことをあつかいます。

❶ 番号の値が1回目の「ピザを配達（番号）」と2回目の「ピザを配達（番号）」ではちがうことに気をつけましょう。

> 番号←2
> ピザを配達（番号）
> 番号←番号＋2
> ピザを配達（番号）

「番号←2」なので「ピザを配達（2）」になる。

「番号←番号＋2」なので「ピザを配達（4）」になる。

❶
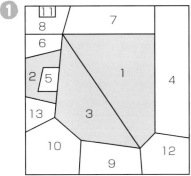

❷
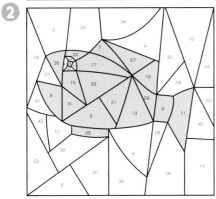

考え方 この問題では、ルールにしたがって番号のかかれた部分に色をぬることをとおして、変数の値を関数の引数として使うことと、条件が成り立つ間しょ理をくり返すことをあつかいます。

❶ プログラムが複雑になったときは、その動きをフローチャートで表すとわかりやすくなります。フローチャートで表すと次のようになります。

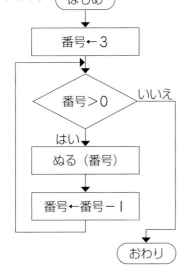

はじめ、番号には「3」が入っています。番号が0より大きい間、「ぬる（番号）」と「番号←番号−1」をくり返します。「ぬる（番号）」であてはまる番号の部分に色をぬります。「番号←番号−1」で番号−1の計算結果を番号に入れます。くり返すごとに番号の値が変化することに気をつけましょう。フローチャートの番号の部分に値をあてはめると次のようになります。

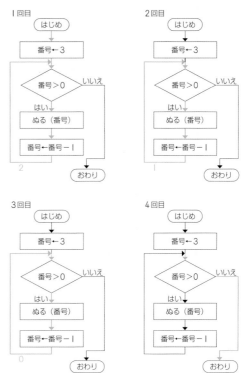

❷ ❶と同じように、プログラムがむずかしいときは、フローチャートで動きを表して考えてみましょう。

1 ロボット１号⑦
　　ロボット２号⑦
　　ロボット３号⑦

2 ⑦

3 ⑦

4 ⑦

考え方 変数、配列、関数に関するまとめのテストです。

3 関数を実行するとロボットがどのように動くのか考えましょう。関数を実行するときに指定する値（あたい）でロボットの角度が変わります。

4 番号の値が１回目に「ピザを配達（番号）」を実行したときと２回目ではちがうことに気をつけましょう。

🐰 24 コンピュータの考え方①

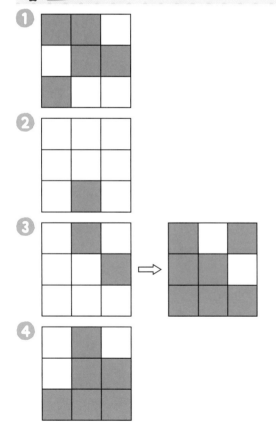

1

2

3 ⇒

4

考え方 プログラミングでは条件が複数（ふくすう）あるときに、「すべての条件が成り立つ場合（ろん理積（りせき））」や「１つ以上の条件が成り立つ場合（ろん理和（りわ））」、「どれも成り立たない場合（ひ定）」などによって動きを変えることができます。

この問題では、条件によって２つのカーペットを重ねたときにどのようなもようになるのかを考えることをとおして、「いくつかの条件がすべて成り立つ」という意味の「ろん理積（AND）」、「１つ以上の条件が成り立つ」という意味の「ろん理和（OR）」、「すべての条件が成り立たない」という意味の「ひ定ろん理和（NOR）」、「どれか１つの条件だけが成り立つ」という意味の「はい他的ろん理和（XOR）」について考えます。

1 ２つの重なったカーペットの部分がどちらも白色の場合のみ白色になります。

2 ２つの重なったカーペットの部分がどちらか片方でも白色になっている場合は白色になり、どちらも黒色の場合には黒色になります。

🐰 25 コンピュータの考え方②

1 はい

2 ①いいえ
　　②はい
　　③はい
　　④いいえ
　　⑤はい
　　⑥いいえ

考え方 コンピュータは正しくデータをやりとりできているかを確（かく）にんするために、誤（あやま）りを確にんするためのデータをいっしょにやりとりすることがあります。

今回の問題では、「カードの番号を計算し、一の位の値が０になるかどうかを計算して確（たし）かめる」ことをとおして、コンピュータのエラー検出（けんしゅつ）の考え方について体験します。

1 手順にしたがって計算しましょう。

26 アルゴリズム ①

1 ①ア 1、イ 2、ウ 3
②1
③3

2 ①ア 1、イ 2、ウ 3、エ 4、オ 5
②1
③5

3 ①ア 1、イ 2、ウ 3、エ 4、オ 5、
カ 6、キ 7
②1
③7

考え方 プログラミングでは、問題を解決するための定石のような考え方があります。これを「アルゴリズム」といいます。アルゴリズムの中には、データを探すものがあります。これを「探さく（サーチ）アルゴリズム」といいます。探さくアルゴリズムには、多くの種類があります。データのならびやアルゴリズムの種類によって、データを探しだす速さが変わります。

この問題では、順番にデータを見ていくことで、目的のデータを探す「線形探さく」についてあつかいます。

1 ②③ロボットは左から順番に箱を見ていくので、最も早く見つかるのは「ア」の箱にかくれたときです。そして、ロボットが一番最後に見る箱にかくれると最もおそく見つかります。

27 アルゴリズム ②

1 ①ア 2、イ 1、ウ 2
②1
③2

2 ①ア 3、イ 2、ウ 3、エ 1、オ 3、
カ 2、キ 3
②1
③3

考え方 この問題では、探さくアルゴリズムの1つである「二分探さく」についてあつかいます。二分探さくは、半分に分けてデータを探していくアルゴリズムです。

2 ②ロボットは真ん中のカードを一番最初に見ます。なので、最も早く見つかってしまうのは「エ」のカードを選んだときになります。

③ロボットはルールにしたがって動きます。真ん中のカードを見た後に、探している数より小さければ右がわのカードの真ん中のカードを見ます。大きければ左がわのカードの真ん中のカードを見ます。これをくり返すので、最もおそく見つかるのは「ア」、「ウ」、「オ」、「キ」のカードを選んだときになります。

28 アルゴリズム③

❶ ①㋐2　㋑3　㋒4
　②㋑

❷ ①㋐2　㋑5　㋒4
　②㋑

[考え方] アルゴリズムの中には、データをならびかえるものもあります。これを「整列（ソート）アルゴリズム」といいます。アルゴリズムの種類によって、データをならびかえる速さが変わります。

この問題では整列アルゴリズムの1つである「選たくソート」についてあつかいます。

❶ ①ロボットがどの数を覚えて、どの数を比べるかを考えましょう。5回目ではロボットは「5」を覚えて、となりの「2」と比べます。覚えている数よりも小さいのでロボットは「2」を覚えます。6回目では、となりの「3」と比べます。覚えている数よりも大きいので、ロボットは「3」を覚えません。7回目では、となりの「4」と比べます。覚えている数よりも大きいので、ロボットは「4」を覚えません。右はしに着いたので、覚えている数「2」を右へ移動します。これをくり返します。

5回目のときの数のならび：

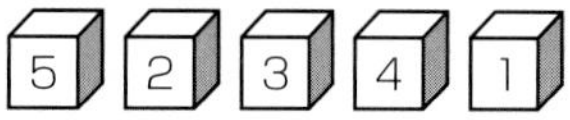

8回目のときの数のならび：

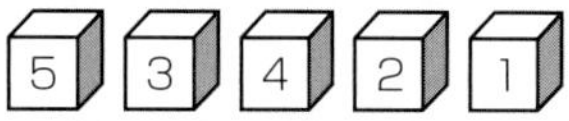

10回目のときの数のならび：

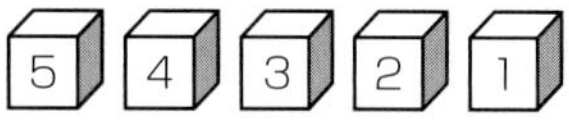

29 アルゴリズム④

❶ ①㋐しない　㋑する　㋒しない
　　㋓しない
　②6
　③10

❷ ①㋐する　㋑する　㋒しない
　　㋓しない
　②6
　③10

[考え方] この問題では、整列アルゴリズムの1つである「バブルソート」についてあつかいます。バブルソートは、となりの値と比べ、条件にあてはまるときに交かんすることをくり返してならびかえをおこなうアルゴリズムです。

❶ ①となりの数が小さいときだけ箱の場所を交かんします。となりの数が大きいときは交かんしないことに気をつけましょう。

30 アルゴリズム⑤

❶ ①㋑
　②㋐

❷ ①㋑
　②㋒
　③㋐

[考え方] 目的地までの最短経路を求めるアルゴリズムもあります。その1つに目的地までにかかる時間が短い道を選んで進んでいく「ダイクストラ法」があります。

今回の問題では、目的地まで最も短い時間で着く経路を考えることで、ダイクストラ法について体験します。

❶ ①さくらさんの家からお店への道のりを考えましょう。最も短いのは5分です。次にお店からそうたさんの家への道のりを考えましょう。最も短いのは3分（2＋1）です。合計で何分かかるか考えてみましょう。

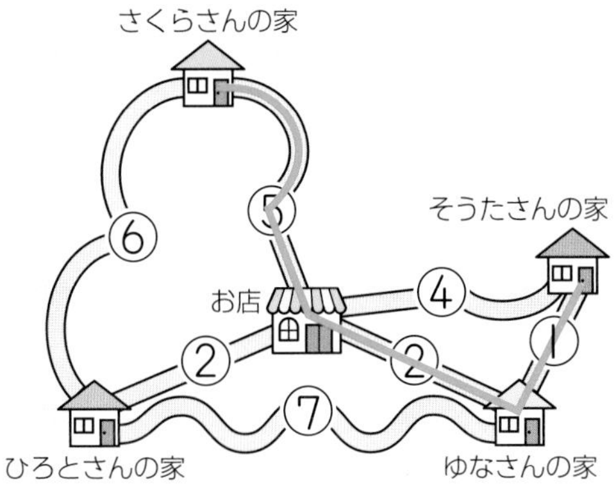
さくらさんの家
そうたさんの家
お店
ひろとさんの家
ゆなさんの家
6
5
4
2
2
1
7

31 アルゴリズム⑥

1 ①㋐5　㋑4　㋒4
　㋓6
②㋓

2 ①10
②9
③9
④8

3 ①25
②26
③27
④24

考え方　これまでアルゴリズムでは定番の考え方や効率(こうりつ)よく問題を解(と)く方法についてあつかってきました。その一方で、効率よく解くことがむずかしいものもあります。この問題は、入る量が決まっているかばんに本を最も効率よく入れるためには、どの組み合わせで入れればよいかを考える問題です。これは「ナップサック問題」とよばれ、効率的に解くことがむずかしい問題の1つとして知られています。

1　本の重さが4kg以下になる組み合わせについて、それぞれコインをいくつもらえるか計算します。2kgの本では3まい、1kgの本では1まいもらうことができます。

2　本の重さが8kg以下になる組み合わせについて、それぞれコインをいくつもらえるか計算します。3kgの本では4まい、1kgの本では1まいもらうことができます。

32 データ活用①

1 ㋑

2 ㋒

3 ㋑

考え方　データはいくつかの表で管理することができます。これを「関係データベース(RDB)」といいます。関係データベースでは、必要な部分のみを取り出したり、追加したり、組み合わせたりして、目的のデータを得ることができます。

1　商品ノートには商品番号と商品名、その商品のねだんがかかれています。売上ノートには、売れた日付と売れた商品番号がかかれています。どちらのノートにも商品番号がかかれているので、この2つのノートを組み合わせて考えることができます。組み合わせると、いつどの商品が売れたのか、いくら売れたのかがわかります。2つのノートを商品番号でつなげると次のようになります。

番号	日付	商品名	ねだん(円)
1	4月11日	りんご	50
2	4月11日	お花	80
3	4月12日	りんご	50
4	4月12日	小松菜	40
5	4月12日	りんご	50

33 データ活用②

1 ①㋑

②㋑

2 ①3

②150

3 ㋑

[考え方] ❶ ①いくら売れたのかを考えるためには、その日に売れた商品のねだんを調べる必要があります。そのためには、売上ノートと商品ノートを組み合わせて考える必要があります。どちらのノートにも商品番号がかかれているので、２つのノートを商品番号で組み合わせると次のようになります。

番号	日付	商品名	ねだん(円)
1	8月29日	トマト	90
2	8月29日	みかん	30
3	8月29日	トマト	90
4	8月29日	ピーマン	80
5	8月30日	ちくわ	70
6	8月30日	トマト	90

日付の項目が8月29日になっている商品のねだんをたし算すると、その日に売れた商品の合計金額を求めることができます。

❷ ①売上ノートと商品ノートを組み合わせて考える必要があります。どちらのノートにも商品番号がかかれているので、２つのノートを商品番号で組み合わせると次のようになります。

番号	日付	商品名	ねだん(円)
1	10月3日	たまねぎ	50
2	10月3日	キャベツ	180
3	10月4日	たまねぎ	50
4	10月4日	きゅうり	40
5	10月4日	たまねぎ	50
6	10月4日	ねぎ	90

34 移り変わり図①

1 ㋑

2 ㋒、㋕

[考え方] アクティビティ図を使うと、しょ理の流れを表すことができます。アクティビティ図は、機械どうしや人とのやりとりをふくむしょ理の流れを表します。

今回の問題では、機械（自動はん売機）と人（利用者）のやりとりをふくむしょ理の流れをあつかいます。

❶ 利用者が自動はん売機で商品を買う流れをアクティビティ図で表したものです。利用者が自動はん売機にお金を入れると、自動はん売機は商品のボタンを点灯します。それを利用者が確にんしたら、商品のボタンをおします。自動はん売機はおつりと商品を出し、利用者は自動はん売機からおつりと商品を取り出します。

❷ 利用者がスーパーマーケットのレジで商品を買う流れをアクティビティ図で表したものです。利用者が商品をレジに置くと、レジ係の人はそれぞれの商品のねだんを確かめて、合計金額を伝えます。それを利用者が確にんしたら、お金をはらいます。レジ係の人は受け取った金額を確かめてから、おつりと商品をわたし、利用者はおつりと商品を受け取ります。

35 移り変わり図②

1 ①お湯
②水
③氷
④水

2 ㋒

3 ㋐

考え方

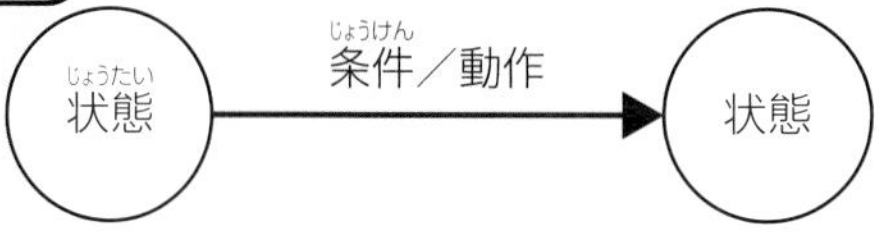

ある動きや条件による状態の変化を表した図を「状態せん移図」といいます。状態せん移図は状態の変化を表します。状態は円で示し、状態が変化するときの条件や動作を矢印と文字で表します。

1 円の中にかかれた文字は状態を表しています。例えば、水は冷やすと氷になり、氷はとけると水になることがわかります。どの動きをすれば、どの状態になるのかを考えてみましょう。

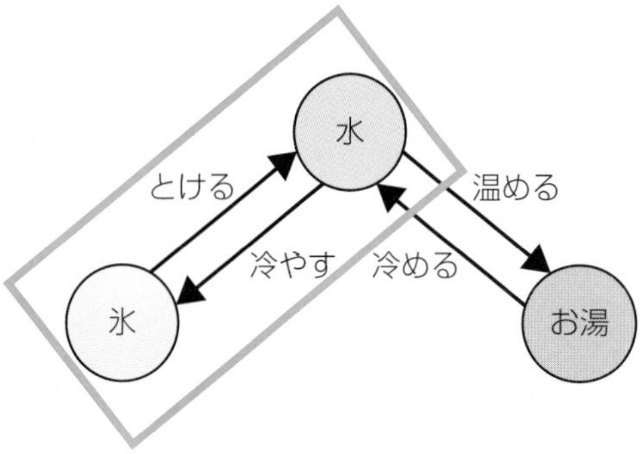

36 まとめのテスト

1 いいえ

2 ①ア4　イ3　ウ2　エ3　オ1
カ4　キ3　ク2　ケ3
②1
③4

3 ㋒

4 ㋐

考え方 コンピュータの考え方、アルゴリズム、データ活用、移り変わり図に関するまとめのテストです。

3 選たくしの内容が正しいか考えてみましょう。㋐は売上ノートを見ればわかります。㋑は売上ノートの2月27日にある商品番号と商品ノートの商品番号にあう商品名を見ればわかります。㋒は売上ノートの商品番号と商品ノートの商品番号にあう商品名を見て、個数を数えればわかります。㋓は商品ノートのみその商品番号が売上ノートの2月26日と2月27日の両方にあるかをみればわかります。

4 囲みの中にかかれた文字は状態を表しています。それぞれどの動きで状態が変わるのかを考えましょう。

👑37 しあげのドリル1

1 ㋐

2 左、120

　　2

　　120

考え方 これまで学んだことのまとめとして、テキスト型のプログラミング言語を使ってロボットに命令したときの動作を考えます。

1 ロボットに命令して線をかきます。命令は上から順に実行します。「進む（ ）」（ ）の中に入っている数だけ、ロボットは動きます。選たくしの命令を1つずつ指でなぞりながら実行し考えてみましょう。

👑38 しあげのドリル2

1 72

　　2

　　左

　　72

2 進む（1）

　　左回り（90）

　　進む（1）

　　右回り（90）

　　進む（1）

　　左回り（90）

　　進む（1）

　　右回り（90）

考え方 **1** ロボットを動かして正五角形をかきます。追加する命令を考えましょう。

2 ロボットを動かして階だんの線をかきます。どの命令を追加すれば、図と同じようにかくことができるか考えてみましょう。

👑39 しあげのドリル3

1 ㋒

2 3

　　進む（1）

　　左回り（90）

　　進む（1）

　　右回り（90）

考え方 **1** くり返されている命令がどれか考えましょう。また、その命令が何回くり返されているか考えましょう。

　　㋐と㋑も正三角形をかくことができますが、図と向きがちがう形になります。

2 くり返されている命令を丸で囲むと考えやすくなります。

次のWebサイトでは「しあげのドリル」の内容を実際のプログラミングで確認することができます。
大阪電気通信大学
兼宗研究室
ドリルの王様情報サイト
https://es-drill.eplang.jp